新时代思政学科研究文库

解构与建构
社会主义意识形态价值结构

郭鹏飞◎著

光明日报出版社

图书在版编目（CIP）数据

解构与建构：社会主义意识形态价值结构 / 郭鹏飞著. -- 北京：光明日报出版社，2025.3. -- ISBN 978-7-5194-8616-7

Ⅰ.D616；B036

中国国家版本馆 CIP 数据核字第 20258J28U7 号

解构与建构：社会主义意识形态价值结构
JIEGOU YU JIANGOU：SHEHUIZHUYI YISHIXINGTAI JIAZHI JIEGOU

著　　　者：郭鹏飞	
责任编辑：杨　茹	责任校对：杨　娜　李学敏
封面设计：中联华文	责任印制：曹　净

出版发行：光明日报出版社

地　　　址：北京市西城区永安路 106 号，100050

电　　　话：010-63169890（咨询），010-63131930（邮购）

传　　　真：010-63131930

网　　　址：http://book.gmw.cn

E - mail：gmrbcbs@gmw.cn

法律顾问：北京市兰台律师事务所龚柳方律师

印　　　刷：三河市华东印刷有限公司

装　　　订：三河市华东印刷有限公司

本书如有破损、缺页、装订错误，请与本社联系调换，电话：010-63131930

开　　本：170mm×240mm

字　　数：185 千字　　　　　　　　印　张：14.5

版　　次：2025 年 3 月第 1 版　　　印　次：2025 年 3 月第 1 次印刷

书　　号：ISBN 978-7-5194-8616-7

定　　价：89.00 元

版权所有　　翻印必究

目 录
CONTENTS

第一章　社会主义意识形态价值结构研究绪论 1
　一、选题背景与研究意义 2
　二、社会主义意识形态价值结构研究现状述评 7
　三、核心概念界定 31
　四、研究思路、方法 34

第二章　社会主义意识形态的价值主体结构 37
　一、价值主体需要结构理论简述 37
　二、个人价值主体在社会主义意识形态中的微观视角 40
　三、集体价值主体在社会主义意识形态中的中观传播角色 50
　四、社会价值主体在社会主义意识形态中的宏观引领作用 58
　五、三大主体的相互关系 68

第三章　社会主义意识形态价值的客体结构 71
　一、价值客体结构的基点 71
　二、体系化的客体 100

三、碎片化的客体 …………………………………………… 117

第四章　社会主义意识形态价值结构的系统 ………………… **136**
　　一、价值结构的"关系—系统"学说 ……………………… 136
　　二、关系结构模型 …………………………………………… 148
　　三、价值结构系统类型 ……………………………………… 157

第五章　社会主义意识形态价值结构的功能 ………………… **166**
　　一、固本强基的政治功能 …………………………………… 166
　　二、解放和发展生产力的经济功能 ………………………… 175
　　三、凝心聚力的文化功能 …………………………………… 183
　　四、疏通引导的社会功能 …………………………………… 189
　　五、促进环保的生态功能 …………………………………… 195

结束语 …………………………………………………………… **201**

参考文献 ………………………………………………………… **203**

致　　谢 ………………………………………………………… **220**

第一章

社会主义意识形态价值结构研究绪论

面对社会主义意识形态的挑战和问题,深化其价值结构研究,贯彻落实习近平新时代中国特色社会主义思想,对于丰富和发展马克思主义意识形态理论,对于建设具有强大凝聚力和引领力的社会主义意识形态,更好地服务于中国特色社会主义文化建设的实践具有重要现实意义。"意识形态工作是为国家立心、为民族立魂的工作。"[①] 提出社会主义意识形态价值结构研究的选题顺应中国式现代化建设新征程中意识形态工作价值凸显的现实要求。这并不否定或削弱意识形态在整个人类历史长河中的客观价值,恰恰是对其价值的充分肯定和深切关注。当代中国的社会主义意识形态与来自国际和国内的形形色色的社会思潮在各类平台上展开激烈的交流与交锋。作为认知斗争的一个重要领域,意识形态在当今世界凸显越来越重要的地位和作用。社会主义意识形态建设具有复杂性、艰巨性、长期性、紧迫性,亟须提高自身的科学性、针对性、层次性和实效性。

学界纵深开展社会主义意识形态价值结构相关问题研究。研究涉猎维护意识形态安全和总体国家安全,应对意识形态风险和挑战,增强社

---

① 习近平. 高举中国特色社会主义伟大旗帜 为全面建设社会主义现代化国家而团结奋斗:在中国共产党第二十次全国代表大会上的报告[M]. 北京:人民出版社,2022:43.

会主义意识形态信心。党的十八大以来，"意识形态领域形势发生全局性、根本性转变，全党全国各族人民文化自信明显增强、精神面貌更加奋发昂扬"①。回应新时代意识形态热点问题和现实需求，梳理社会主义意识形态价值发展变化的阶段性特征和动态趋势，助益开展社会主义意识形态价值结构的学术研究。

一、选题背景与研究意义

在当代中国，意识形态是一个历久弥新的政治现象和学术主题。社会主义意识形态价值结构是这一学术主题的重要有机组成部分。这是因为当代中国特色社会主义意识形态价值结构与当下的时代背景不谋而合，其研究意义也自然非比寻常。开展社会主义意识形态价值结构研究无疑是恰逢其时，也是十分幸运的事。

（一）研究背景

社会主义意识形态价值结构问题是当代中国特色社会主义意识形态建设事业的热点和难点问题之一。作为人类特有的复杂的社会意识，意识形态根源于一定的社会存在，是人类社会普遍存在的精神现象。世界上各国各政党都高度重视意识形态价值创造和实现。当今世界，国际国内意识形态局势波谲云诡，意识形态领域的竞争和较量愈演愈烈。面对复杂多变的国际意识形态环境和国内意识形态环境，结合中国、中国共产党、中国人民的实际，党的二十大报告指出要"坚定维护国家政权

---

① 坚定文化自信秉持开放包容坚持守正创新 为全面建设社会主义现代化国家 全面推进中华民族伟大复兴提供坚强思想保证强大精神力量有利文化条件［N］. 人民日报，2023-10-09（1）.

安全、制度安全、意识形态安全"①。意识形态安全体现了国家治理体系和治理能力现代化水平,同时具有维护总体国家安全的价值。党的十九大报告指出"落实意识形态工作责任制,加强阵地建设和管理,注意区分政治原则问题、思想认识问题、学术观点问题,旗帜鲜明反对和抵制各种错误观点"②。意识形态阵地建设和管理实现责任到人、守土有责。党的十八大提出"倡导富强、民主、文明、和谐,倡导自由、平等、公正、法治,倡导爱国、敬业、诚信、友善,积极培育和践行社会主义核心价值观"③。维护意识形态安全在本质上体现为维护社会主义核心价值观的安全。党中央习近平总书记一贯高度重视党的意识形态工作,在2013年全国宣传思想工作会议上明确指出,"经济建设是党的中心工作,意识形态工作是党的一项极端重要的工作"④。这充分体现了社会主义意识形态的极端重要价值。

社会主义意识形态价值结构问题的学术研究可谓"小荷才露尖尖角"。从学术研究脉络来看,社会主义意识形态价值结构的系统学术研究呼之欲出,恰似犹抱琵琶半遮面。学术界出现关于意识形态价值、价值与结构、结构科学、意识形态结构、思想政治教育价值、思想政治教育内容结构、思想政治教育价值结构的系统研究,尚未有对社会主义意识形态价值结构的成熟研究成果。与社会主义意识形态价值结构相关的学术命题主要有建设具有强大凝聚力和引领力的社会主义意识形态、构

---

① 习近平. 高举中国特色社会主义伟大旗帜 为全面建设社会主义现代化国家而团结奋斗:在中国共产党第二十次全国代表大会上的报告[M].北京:人民出版社,2022:53.
② 习近平. 决胜全面建成小康社会 夺取新时代中国特色社会主义伟大胜利[N]. 人民日报,2017-10-19(3).
③ 胡锦涛. 坚定不移沿着中国特色社会主义道路前进 为全面建成小康社会而奋斗[N]. 人民日报,2012-11-09(3).
④ 习近平. 意识形态工作是党的一项极端重要的工作[EB/OL]. 央视网,2013-08-21.

建社会主义核心价值观、推进当代中国马克思主义大众化、发展社会主义先进文化、牢牢掌握意识形态工作领导权和主导权等。新思想、新观点和新论断彰显中国共产党的政治生命活力和理论创新能力。这构成当代中国特色社会主义意识形态价值结构研究的时代背景。

（二）研究意义

科学探究社会主义意识形态的价值结构对于做好意识形态工作、维护社会主义意识形态安全具有理论价值和现实意义。

1. 理论意义

在理论上，丰富发展社会主义意识形态价值结构理论，为创造和实现社会主义意识形态价值提供理论依据。系统梳理社会主义意识形态价值理论的现有研究成果，厘清社会主义意识形态价值理论，拓深马克思主义意识形态价值理论研究。从理论层面讲，意识形态的核心内容是价值观念。社会主义意识形态价值结构研究在一定意义上是对主流意识形态引领多样社会思潮的价值谱系研究。社会主义意识形态价值结构在当今时代具有鲜明的复杂性、动态性、发展性。社会主义意识形态工作取得辉煌成就的同时，也面临着日益凸显的严峻挑战。这些问题也许一直存在着，如基础理论研究相对薄弱、元理论研究存在可资探索的处女地等。社会主义意识形态价值结构研究正是基于对这些问题的思考而提出的大胆尝试和自觉理论回应。本选题尝试探索社会主义意识形态工作的价值结构前提。

社会主义意识形态价值结构是在辩证唯物主义和历史唯物主义指导下对意识形态价值问题的理论研究成果。从词源来看，意识形态是关于"观念的科学"，社会主义意识形态价值结构研究是对这门学问在中国式现代化背景下的意义、地位、作用和功能的研究。社会主义意识形态是目的价值和工具价值的辩证统一，是显性价值和隐性价值的辩证统一，是物质价值和精神价值的辩证统一，是直接价值和间接价值的辩证统一。在一定意义上，社会主义意识形态价值结构研究是对价值的科学研究，或者说是对宣传思想文化工作的目标（实现特定意识形态的价值）和过程（实现特定意识形态价值的应用过程）的研究。这表明本研究具有元理论研究的意味。

2. 现实意义

在实践上，有利于提高意识形态工作者的理论素养和治理能力，有利于促进社会主义意识形态价值结构设计更趋科学合理，增强意识形态工作的针对性和实效性。

本研究服务于维护社会主义中国的意识形态安全。党的十九大报告指出"意识形态领域斗争依然复杂，国家安全面临新情况"[①]。当代中国特色社会主义意识形态工作的紧迫性要求加强意识形态价值理论研究。安全是主体基本的价值需要，也是重要的价值目标。社会主义意识形态安全是社会主义意识形态主体的现实的价值需要，也是社会主义意识形态的重要价值体现。在中国式现代化建设新征程上，中国的政治经济社会发展日新月异，取得了辉煌成就，同时也面临着诸多意识形态风险挑战。新质生产力发展和巩固公有制政治、经济、文化力量的主导地位和主体优势。非公有制政治、经济、文化力量做大做强的同时提出的政治、经济和文化诉求越来越大胆、露骨、迫切。群体性突发事件时有发生，颜色革命和国家领土安全完整危机四伏，民生问题屡见不鲜，生态环境问题触目惊心，各种社会思潮甚嚣尘上、鱼龙混杂。这些使得社会不稳定因素剧增，国家安全、经济安全、文化安全等问题的解决对维护意识形态安全的理论需求飙升。维护意识形态安全应当正确认识、把握、实现意识形态安全的价值、地位。过度强调意识形态是否必然保证

---

① 习近平. 决胜全面建成小康社会 夺取新时代中国特色社会主义伟大胜利 [N]. 人民日报, 2017-10-19 (3).

其安全呢？是不是越强调越重视就越能保证长久的全面的安全呢？这就需要对社会主义意识形态进行价值拷问，探讨社会主义意识形态的价值结构，把握其本质和规律，最终认识、实现和创造社会主义意识形态价值。

本研究服务于提高执政党的意识形态治理能力。当代中国的意识形态实践考验着执政七十多年的中国共产党的意识形态治理体系和治理能力。《中共中央关于党的百年奋斗重大成就和历史经验的决议》指出，"党着力解决意识形态领域党的领导弱化问题，立破并举、激浊扬清，就意识形态领域许多方向性、战略性问题作出部署，确立和坚持马克思主义在意识形态领域指导地位的根本制度，健全意识形态工作责任制，推动全党动手抓宣传思想工作，守土有责、守土负责、守土尽责，敢抓敢管、敢于斗争，旗帜鲜明反对和抵制各种错误观点"[①]。习近平在纪念中国人民抗日战争暨世界反法西斯战争胜利70周年大会上的讲话中指出"为了和平，我们要牢固树立人类命运共同体意识。偏见和歧视、仇恨和战争，只会带来灾难和痛苦。相互尊重、平等相处、和平发展、共同繁荣，才是人间正道。世界各国应该共同维护以联合国宪章宗旨和原则为核心的国际秩序和国际体系，积极构建以合作共赢为核心的新型国际关系，共同推进世界和平与发展的崇高事业"[②]。可以说，长期执政党的意识形态治理能力建设成为凸显的时代课题。我党的意识形态治理能力需要提高，我党的意识形态理论研究亟待加强。本选题就是要自觉地主动地回应这一现实问题。社会主义意识形态工作一定程度上是特定价值理念的实践和实现工作。对社会主义意识形态实践经验的总结、

---

① 中共中央关于党的百年奋斗重大成就和历史经验的决议[EB/OL]. 中国政府网，2021-11-16.
② 习近平. 为了和平，要牢固树立人类命运共同体意识[EB/OL]. 人民网，2015-09-03.

对意识形态时代特点的概括、对社会主义意识形态价值结构的科学揭示和把握，是提高广大党员干部社会主义意识形态理论素养、夯实社会主义意识形态治理能力的理论基础。

二、社会主义意识形态价值结构研究现状述评

学术界关于社会主义意识形态价值结构的相关问题已经开展广泛深入的研究，研究成果丰硕。社会主义意识形态价值结构的研究现状以社会主义意识形态的研究现状和价值结构的研究现状为基础，重点梳理社会主义意识形态价值结构的渊源、内涵、结构和功能等。梳理相关研究现状，把握研究选题的整体格局，才能科学准确地把握社会主义意识形态价值结构选题。

（一）关于社会主义意识形态的研究现状述评

关于社会主义意识形态的研究是学界热烈讨论的主题。它在马克思主义理论指导下，围绕中国式现代化视域下的社会主义意识形态和世界共产主义运动视域下的社会主义意识形态等问题展开广泛深入的探讨。随着世界多极化、经济贸易战愈演愈烈、区域一体化步伐的加快和人工智能科技的迅猛发展，社会主义意识形态与世界特别是西方的尖端科技和优秀文化的接触越来越频繁，接触范围越来越广、水平越来越高。国内学者的相关研究主要有对社会主义意识形态及其分领域各流派的考究、剖析、比较、界定，包括社会主义国家意识形态建设的价值和意义、挑战与问题、战略与措施，马克思主义理论与意识形态，中国式现代化与意识形态、"大思政课"建设、意识形态与文明文化，意识形态与外交等。

通过中国知网平台检索，可以印证国内学术界围绕社会主义意识形态开展广泛深入的学术研究。以"社会主义意识形态"为题名，精确检索约 1462 条论文记录。题名中包含"社会主义意识形态"的硕博学位论文在 2019—2022 年以年均超过 12 篇的速度问世（年均至少 2 篇博士学位论文）。在国家图书馆（网馆）以"社会主义意识形态"为题名检索得到专著著作总数为 92 本，以"意识形态"为题名检索得到专著著作总数为 820 本。代表性的有《社会主义意识形态话语权研究》（2024）、《新时代意识形态理论与实践》（2023）、《社会主义现代化新征程中的意识形态安全》（2022）、《社会主义意识形态安全视域下网络群体性事件应急处理》（2022）、《关于社会主义意识形态建设的几点思考》（2016）等。依据出版的主要学术著作和高被引用文献，我们基本可以把握国内学术界对意识形态问题的研究脉络和主线。这里仅尝试从四方面勾勒意识形态的研究现状。尽管这一级分类是粗线条的，我们还是可以根据多级分类的不断细化深入而比较具体化、条理化地把握社会主义意识形态的研究现状。研究者们往往都试图对意识形态进行批判解析基础上的建构性把握，研究涉及意识形态的各方面，比如，本质内涵、属性特点、功能作用、历史渊源、流派争鸣、时代意蕴等。这里从社会主义意识形态的指导思想、含义、结构、功能和意义等方面来把握其研究现状和态势。

1. 关于习近平新时代中国特色社会主义思想与意识形态建设

习近平新时代中国特色社会主义思想是一个科学理论体系，内容非常丰富，汇集了中国共产党集体智慧。这里主要从中国梦、习近平文化思想、中国式现代化、"大思政课"建设与社会主义意识形态的相关研究来述评当前的研究现状。

关于中国梦与意识形态。中国梦是新时代意识形态话语创新的新成果，兼具国家富强和人民幸福的深刻内涵。它统领了国家和社会的发展方向，也尊重普通人的价值诉求。中国梦是每个中国人的梦，对社会成员具有强大凝聚力和引领力。中国梦以其内在包容性和批判性整合了现代性的文化悖论。陈锡喜提出，"中国梦把国家民族整体梦与人民群众个体梦统一起来，体现了中国人民普遍利益表达的'最大公约数'……体现了党的意识形态内容和形式的统一"①。闫方洁认为，习近平总书记对中国梦的重要论述"代表了新时代主流意识形态话语创新的新成果……有效地化解了现代性的精神悖论"②。代表性的论文还有杨建新的《"中国梦"的思想根基与意识形态价值》（2014），徐洪军的《幸福与意识形态——试论"中国梦"的思想建构》（2014）。

关于习近平文化思想与意识形态。2023年10月7日，全国宣传思想文化工作会议首次明确提出习近平文化思想。自提出以来，习近平文化思想为学术界持续高度关注。学者从多层面多维度阐释习近平文化思想。有学者主要探讨文化自信与意识形态功能、安全、话语权、领导权的内在逻辑关系和外在创新拓展。代表性的论文有孙绍勇的《新时代基于意识形态维度的中国特色社会主义文化自信析论》（2022），邵彦等的《文化自信与意识形态安全》（2019），黄建军的《文化自信的意识形态功能》（2019），孙绍勇的《意识形态安全理念深化视域下中国特色社会主义文化自信研究》（2019），侯惠勤的《坚定文化自信的本质是牢牢掌握意识形态工作领导权》（2018），梅景辉的《文化自信与马克思主义意识形态话语权的当代发展》（2017）。有学者探讨习近平文化思想的意识形态力量，集中体现为研究习近平文化思想对意识形态建设的指导意义。有学者探讨马克思主义与中华优秀传统文化的辩证统一关系，从"思想解放"的维度解读"第二个结合"的重要意义。代表性的论文有韩云波等的《习近平文化思想视域下坚守中国哲学社会科学之"魂脉"》（2024），姚东的《坚持以习近平文化思想为指引 坚

---

① 陈锡喜. 中国梦的意识形态底蕴再探究［J］. 马克思主义与现实，2019（4）：43.
② 闫方洁. "中国梦"与"美好生活"：现代性语境下主流意识形态话语体系的创新［J］. 马克思主义与现实，2018（3）：184.

决维护意识形态安全》(2024)，梁大伟等的《习近平文化思想的意识形态力量》(2024)，田鹏颖的《"第二个结合"是又一次的思想解放》(2023)，杜飞进的《深刻理解"'第二个结合'是又一次的思想解放"》(2023)。还有学者探讨"四史"教育对维护意识形态安全的作用。代表性的论文有杨文华的《习近平总书记"四史"重要论述引领新时代意识形态工作》(2022)，张琪的《"四史"教育在维护高校意识形态安全中的重要作用》(2021)。这对我们在新时代科学认识马克思主义与优秀传统文化相结合的内在规律，坚定文化自信自强，坚持社会主义意识形态价值结构研究的守正创新具有启示意义。

关于现代化与意识形态。中国式现代化道路是中国共产党第二十次全国代表大会上提出的建成小康社会后的光明大道。学界对中国式现代化与意识形态的相关性开展广泛深入的学理研究，学者探讨中国式现代化的意识形态意蕴、话语、功能和治理效能，代表性的论文有关永强等的《中国式现代化突破西方意识形态的世界意义》(2023)，郭明飞等的《软治理效能：中国式现代化的意识形态维度》(2023)，黄国雄的《隐喻蕴涵：中国式现代化的多重意识形态功能》(2023)，张志丹的《中国式现代化的意识形态意蕴》(2023)，贾鹏飞的《论中国式现代化的意识形态话语创新》(2022)，王浩斌等的《人的现代化：中国式现代化道路对资本逻辑的意识形态批判性超越》(2024)。有学者探讨意识形态治理体系现代化问题，代表性的论文有张翼等的《新时代网络意识形态治理体系现代化论析》(2021)，汤荣光的《论新时代意识形态工作治理体系和治理能力建设》(2020)，陈静的《高校意识形态安全治理体系和治理能力建设探析》(2017)。

关于"大思政课"与高校意识形态。"大思政课"是高校思想政治理论课发展的顶层设计和目标指向。自"3·18"重要讲话①五年来，学界对"大思政课"的研究如火如荼，大中小学思想政治理论课一体化建设研究成果丰硕。学界认为，这门公共必修课是立德树人的关键课程，涉及大中小学师生的世界观人生观价值观教育，习近平新时代中国特色社会主义思想教育，爱党爱国爱社会主义教育。学界认为，思想政治理论课是理论教学和实践教学的同向同行，是课程思政和思政课程的协同创新，是传统课堂和社会大课堂的双向奔赴，应当加强思想政治理论课的教育信息技术化水平。在治理国家高度上，"大思政课"具有重要的意识形态治理功能。2024年5月，为落实习近平对学校思政课建设的重要指示，丁薛祥出席新时代学校思政课建设推进会并指出"牢牢把握教育的政治属性、战略属性、民生属性，把思政课建设作为党领导教育工作的重中之重……加快构建以习近平新时代中国特色社会主义思想为核心内容的课程教材体系，推动党的创新理论最新成果入脑入心"②。学者从高校意识形态建设的维度探讨"大思政课"的意识形态属性、结构、功能。代表性的论文有高明等的《网络语言视域下"大思政课"引导大学生网络意识形态路径研究》（2024），徐聪的《问题、优势与路径："大思政课"引领高校网络意识形态治理现代化探析》（2023），王浩业等的《"大思政课"视域下增强高校网络意识形态领域主导权探析》（2022）。

2. 关于社会主义意识形态的含义

社会主义意识形态的含义寓于意识形态的含义中。《简明不列颠百科全书》将意识形态界定为注重实践的，以理性为基础的"现世"的

---

① 习近平主持召开学校思想政治理论课教师座谈会[EB/OL].新华社，2019-03-18.
② 习近平对学校思政课建设作出重要指示强调：不断开创新时代思政教育新局面 努力培养更多让党放心爱国奉献担当民族复兴重任的时代新人[EB/OL].中国政府网，2024-05-11.

信念。意识形态概念的创始人特拉西将它定义为"观念的科学"。这里没有强调意识形态的社会经济根源和阶级属性。有学者认为意识形态是20世纪思想史上"内容最庞杂、意义最含混、性质最诡异、使用最频繁的范畴之一"[1]。

有多少位研究者可能就有多少个关于意识形态的定义。有学者认为马克思恩格斯是把意识形态当作否定性概念来对待的，主要理论是意识形态批判学说。马克思恩格斯关于意识形态的经典论断主要有"意识形态上层建筑"[2]论（也称"建筑比喻"）、"虚假意识论"[3]"照相机比喻"[4]。马克思恩格斯揭露了以往唯心主义意识形态虚假、颠倒的否定性内涵。有学者认为，按照马克思的本意，意识形态"在阶级社会中，适合一定的经济基础以及竖立在这一基础之上的法律的和政治的上层建筑而形成起来的，代表统治阶级根本利益的情感、表象和观念的总和，其根本的特征是自觉地或不自觉地用幻想的联系来取代并掩蔽现实的联系"[5]。多数学者认为马克思主义意识形态理论包含意识形态批判和科学意识形态构建两部分内容。按照马克思主义，批判的本意是"批判旧世界发现新世界"[6]。意识形态批判是要批判非科学的意识形态，从而建设科学的意识形态。马克思主义本身就是科学的意识形态。马克思恩格斯的意识形态思想是从否定性和中立性两个层面展开的。童

---

[1] 季广茂. 意识形态 [M]. 广西：广西师范大学出版社，2005：1.
[2] 中共中央马克思恩格斯列宁斯大林著作编译局. 马克思恩格斯文集：第2卷 [M]. 北京：人民出版社，2009：591-592.
[3] 中共中央马克思恩格斯列宁斯大林著作编译局. 马克思恩格斯文集：第10卷 [M]. 北京：人民出版社，2009：657-658.
[4] 中共中央马克思恩格斯列宁斯大林著作编译局. 马克思恩格斯文集：第1卷 [M]. 北京：人民出版社，2009：525.
[5] 俞吾金. 意识形态论 [M]. 上海：上海人民出版社，1993：131.
[6] 中共中央马克思恩格斯列宁斯大林著作编译局. 马克思恩格斯文集：第10卷 [M]. 北京：人民出版社，2009：7.

世骏认为"意识形态是一定阶级、阶层和利益集团的思想体系,是它们对现存世界及其秩序的'整体性'反映与判断,是政党的政治信仰和政治观点的表达方式"[①]。随着社会阶层分化,多样社会思潮甚嚣尘上,程恩富教授认为"通过促进社会各阶层共同富裕践行'不忘改革的初心',推动中国特色社会主义发展……实现社会各阶层共同富裕任重道远"[②]。陈秉公认为,"意识形态是在一定历史条件下,占统治地位的阶级或集团为维护和发展其统治而建构的价值观念体系和行为规范体系。它是对各种社会意识形式的总体性提炼和概括,在该社会精神生活领域占统治地位","作为统治阶级思想观念的意识形态,实际上就是'制度化的思想体系',是对一种社会制度合法性的基础论证,并以思想和价值观念形态发挥作用,目的在于使社会成员认同现存的社会制度和生活"。[③] 陈新汉认为"作为集中体现意识形态本质的核心价值观是社会中占统治地位的自觉精神力量,是被赋予'普遍性形式'和'普遍性意义'的思想体系,是以'精神的太阳'的规范形式体现出来的克服社会冲突的思想努力"[④]。吴胜锋认为"马克思意识形态术语的含义具有丰富与多维的特性,马克思在《德意志意识形态》中表述了含义有别的多种意识形态概念"[⑤]。储著源认为"主流意识形态是当今世界各国争夺意识形态领导权和主导权的主阵地,是各国文化软实力强弱

---

① 童世骏. 意识形态新论 [M]. 上海:上海人民出版社, 2006:4.
② 程恩富, 伍山林. 促进社会各阶层共同富裕的若干政策思路 [J]. 政治经济学研究, 2021 (2):5-11.
③ 陈秉公. 马克思主义意识形态理论与社会主义核心价值体系建构 [J]. 马克思主义研究, 2008 (3):19.
④ 陈新汉. 意识形态概念的演化与马克思意识形态思想的当代诠释 [J]. 思想理论教育, 2016 (1):37.
⑤ 吴胜锋. 马克思意识形态概念辨析:基于《德意志意识形态》文本的解读 [J]. 马克思主义研究, 2016 (6):122.

的集中体现，时刻影响一个国家和民族未来的发展趋势"①。

关于中国社会主义意识形态主题的研究是社会主义意识形态研究的重要方面。相关研究非常丰富，如社会主义核心价值体系与中国特色社会主义文化，马克思主义中国化最新理论成果与中国国家意识形态，主流意识形态与文化建设，执政合法性与意识形态资源整合，当今中国社会发展与社会主义意识形态。尽管是粗线条的、挂一漏万的，我们还是可以按图索骥般地勾勒中国社会主义意识形态的研究现状。代表性的论文有王永贵等的《习近平关于新时代意识形态论述的战略底蕴和实践深意》，陈文旭的《作为虚假意识形态的"普世价值"》，肖唤元的《马克思恩格斯论意识形态的三重视界及其当代价值》，汪雪的《马克思主义意识形态理论的逻辑辩证及其整合机制》，申文杰的《毛泽东意识形态政治功能理论及现实价值分析》，邢盘洲的《试论意识形态的经济价值》，张国臣的《论马克思主义意识形态话语权建设的时代价值》等。

3. 关于社会主义意识形态的结构

马克思主义系统观点蕴含着马克思主义的结构观。马克思恩格斯关于意识形态的经典论断反映他们对意识形态结构的伟大思考。马克思持意识形态批判说，主要有"意识形态上层建筑"②论（也称"建筑比喻"）、"虚假意识论"③"照相机比喻"④等经典论断。恩格斯阐发意识形态对经济基础的能动作用，意识形态的相对独立性和历史继承性，

---

① 储著源. 主流意识形态的"主流"之辨 [J]. 求实，2017（1）：4.
② 中共中央马克思恩格斯列宁斯大林著作编译局. 马克思恩格斯文集：第 2 卷 [M]. 北京：人民出版社，2009：591-592.
③ 中共中央马克思恩格斯列宁斯大林著作编译局. 马克思恩格斯文集：第 10 卷 [M]. 北京：人民出版社，2009：657-658.
④ 中共中央马克思恩格斯列宁斯大林著作编译局. 马克思恩格斯文集：第 1 卷 [M]. 北京：人民出版社，2009：525.

第一章　社会主义意识形态价值结构研究绪论

意识形态诸形式及其相互作用的机制和特点。列宁结合苏联革命和建设的实际，提出马克思主义是"无产阶级意识形态"，是"科学意识形态"，应当加强向无产阶级灌输"科学意识形态"。

学界在思辨意识形态基础上尝试对社会主义意识形态价值结构的内涵、要素和功能作出构建性把握。按照肖前、侯惠勤、陈秉公、童世骏等的观点，意识形态是一定社会阶级或集团基于社会经济基础和自身利益而形成的把握现存社会秩序的整体性的思想体系。钟君认为，意识形态"是系统地、自觉地、直接地反映社会经济形态和政治制度的思想体系，是社会诸形式中构成观念上层建筑的部分"[1]。侯惠勤认为"意识形态是国家权力的组成要素，即'思想的上层建筑'，其功能是夺取政权和巩固政权"[2]。冯宏良认为"意识形态是一定社会的阶级、集团基于自身利益对现存社会关系自觉反映而形成的认知体系，由一定的政治、法律、哲学、道德、艺术、宗教等社会学说及观点所构成，反映了一定阶级或集团的利益取向和价值取向，并为其服务，成为其政治纲领、行为准则、价值取向、社会思想的理论依据"[3]。童世骏认为"意识形态是一定阶级、阶层和利益集团的思想体系，是它们对现存世界及其秩序的'整体性'反映与判断，是政党的政治信仰和政治观点的表达方式"[4]。汪信砚认为，"'意识形态'是一个很复杂的概念，简单地讲，它是指政治、法律、道德、哲学、艺术、宗教意识形态是以政治信仰为教等各种社会意识形式和系统化的思想观念，它们在阶级社会中总是一定阶级的利益、愿望和要求的体现。哲学社会科学诸学科，除了像

---

[1] 钟君. 社会主义意识形态建设的科学指引和根本遵循：学习习近平总书记关于意识形态工作重要论述的体会[J]. 党建，2019（2）：33.
[2] 侯惠勤. 意识形态的历史转型及其当代挑战[J]. 马克思主义研究，2013（12）：5.
[3] 冯宏良. 意识形态安全与马克思主义大众化[J]. 探索，2010（4）：9.
[4] 童世骏. 意识形态新论[M]. 上海：上海人民出版社，2006：4.

语言学、逻辑学等少数学科外，绝大部分都属于意识形态"①。也有学者认为，"意识形态由三大基本要素构成其内在结构，即认知—解释层面、价值—信仰层面和目标—策略层面。这三个要素构成了一个动态的三维结构"②。以上观点各有其视角、道理，在一般意义上比较系统地阐述了意识形态的含义、特点、形式和能动作用。可见，社会主义意识形态作为对资本主义意识形态的扬弃，作为科学的先进的意识形态，其结构应当体现意识形态的共性内容和先进内容，比如，价值观念、行为规范等。

4. 关于社会主义意识形态的功能

按照价值的"功能效应说"，社会主义意识形态功能与社会主义意识形态价值问题高度相关。有学者研究意识形态的功能，这从一般意义上丰富了社会主义意识形态价值结构研究的理论资源。意识形态在社会发展过程中具有重要的政治和经济功能。郑永廷认为，"社会主义意识形态具有导向、维护、批判与教化等多方面功能"③，必须发展预测、整合、调控等功能。梅荣政等认为社会主义核心价值体系既是构建社会主义和谐社会的精神支柱，也是引领社会思潮的伟大旗帜，具有强大的整合能力和引领能力。④ 林雪原认为意识形态具有政治教化功能并提出该功能的内在机制⑤。张秀琴认为，意识形态"在现实社会发展中的功能具体表现为：作为'观念的上层建筑'的意识形态、作为'阶级社

---

① 汪信砚. 在新的复杂形势下牢固坚持马克思主义在意识形态领域的指导地位 [J]. 理论月刊, 2006 (1): 5.
② 何怀远. 意识形态的内在结构浅论 [J]. 江苏行政学院学报, 2001 (2): 13.
③ 郑永廷. 论社会主义意识形态的功能发展 [J]. 中山大学学报（社会科学版）, 2002 (6): 91-98, 121.
④ 梅荣政, 王炳权. 坚持以社会主义核心价值体系引领社会思潮 [J]. 思想理论教育导刊, 2007 (6): 33.
⑤ 林雪原. 思想政治教育中意识形态政治教化功能的转变与提升 [J]. 北京交通大学学报（社会科学版）, 2011 (3): 108.

会维护意识'的意识形态以及作为'人类文化发展载体'的意识形态"①。郑忆石认为，意识形态具有社会精神支柱、社会水泥、社会解释工具、社会控制器、社会晴雨表、社会反光镜等社会功能②。有学者"从认知—阐释层面、价值—信仰层面、策略—行动层面、多样—复杂层面对意识形态的内涵进行多维解读，揭示了意识形态的社会整合功能概念中隐含的社会性、价值性、共识性等特征；从社会思想整合与社会价值整合、社会利益整合与社会发展整合、社会制度整合与社会组织整合等角度概括了意识形态的社会整合功能的主要内容；指出意识形态的社会整合功能以社会实践为内生基础，以主体认同为逻辑起点，以情感共鸣为实践路径"③。有学者将社会主义意识形态的功能划分为社会整合功能、主体建构以及政治功能、经济功能、文化功能、社会功能、外交功能等。④ 还有学者提出社会主义意识形态的宏观定向功能，包括"政治定向、方针定向、目标定向和精品定向"⑤ 等。

学界广泛深入地探讨我国社会主义意识形态的功能。除了具有上文谈到的意识形态的一般功能外，社会主义意识形态功能有其特殊的本质规定和发展要求。李慧认为列宁"对意识形态的第二性反作用论、意识形态作用的中介论和合力论的阐述，以及他对资产阶级意识形态的批判和对无产阶级意识形态的建构统一起来的方法论，对于我们今天建构社会主义意识形态提供了重要思路和理论指导"⑥。刘英杰认为"传统

---

① 张秀琴. 论意识形态的功能 [J]. 教学与研究，2004 (5)：25.
② 郑忆石. 加强我国意识形态理论建设的思考 [J]. 天中学刊，2001 (6)：36.
③ 熊治东. 意识形态的社会整合功能再审视 [J]. 思想政治教育研究，2017, 33 (3)：51.
④ 赵勇. 社会主义意识形态功能研究 [D]. 上海：华东师范大学，2007：77-111.
⑤ 陈志强. 论社会主义意识形态领域宏观定向管理 [J]. 理论前沿，1996 (11)：10-11.
⑥ 李慧. 恩格斯晚年意识形态功能论及当代启示 [J]. 学术论坛，2015, 38 (3)：11.

意识形态研究……多集中于意识形态的价值导向、合法性辩护和社会控制功能等方面的讨论……意识形态作为结构是影响经济发展的内生变量,其经济功能主要有解释功能、约束功能和节约功能。成功的意识形态通过降低交易成本和提供正确指导来提高经济绩效。对意识形态提高经济绩效机制的研究,在实践上能够更有效地发挥其促进经济发展的功能;在理论上构成了对唯物史观的意识形态理论的补充、深化与扩展"[1]。有学者认为毛泽东的意识形态功能理论包括引领功能、动力功能和维护功能等三方面内容。[2] 有学者认为"'中国梦'以其自身的本质内容及其理论的彻底性、包容性、开放性特征,主动回应时代挑战,发挥着理论武装、社会整合、合法性供给和国家形象塑造等意识形态功能"[3]。有学者提出"社会主义意识形态的内在结构直接决定了它的功能和作用,主要包括但不限于辩护功能、整合功能、支撑功能、引导功能,共同反映和维护社会主义的本质属性"[4]。

5. 关于社会主义意识形态建设的意义

学界从国家治理体系和治理能力现代化的高度探讨了我国主流意识形态建设的价值和意义。张国祚认为,意识形态工作关乎国家兴亡和人民祸福,特别是在社会变革时期,其对经济基础和社会存在的反作用具有决定性意义。[5] 就意识形态建设的意义来说,理论界普遍认同,我国社会主义意识形态建设工作在新形势下的重要性和紧迫性。一种观点认

---

[1] 刘英杰,魏溦. 意识形态何以提高经济绩效:意识形态的经济功能分析 [J]. 东南学术,2015 (5):20.
[2] 黄世虎,赵建梅. 毛泽东的意识形态理论及其当代价值 [J]. 求实,2010 (12):9.
[3] 王彩云,李文文. "中国梦"的意识形态功能 [J]. 济南大学学报(社会科学版),2015,25 (4):34.
[4] 刘雪璟. 社会主义意识形态的内在结构、主要功能、实践指向 [J]. 云南大学学报(社会科学版),2022,21 (1):11.
[5] 张国祚. 关于巩固马克思主义在意识形态领域指导地位的几个问题 [J]. 求是,2006 (10):46.

为，全球化背景下意识形态功能的进一步强化，更凸显出加强主流意识形态建设的重要性。另一种观点认为，加强和改进主流意识形态建设是不断提高党的执政能力和构建社会主义和谐社会的需要。还有观点认为，加强主流意识形态建设是巩固和完善社会主义制度以及维护国家安全的需要。可以说，意识形态工作关系国家安全和社会稳定，关系党和人民事业的兴衰成败。加强意识形态建设，有助于提高全党和全社会对意识形态重要性的认识，从而为建设中国特色社会主义和实现中华民族伟大复兴提供理论指导、舆论力量、精神支柱和文化条件。徐凤琴认为"意识形态对于维护统治阶级利益，实现政治认同的重要作用不言而喻……科学把握马克思意识形态的意义，深入分析我国意识形态的现实状况，对我国主流意识形态的稳定与发展有着重要的现实意义"[①]。赖风教授认为"习近平意识形态战略思想是互联网时代加强主流意识形态建设的行动指南，是协调推进'四个全面'战略布局、实现中华民族伟大复兴中国梦的思想武器"[②]。

关于社会主义核心价值观的价值问题。关于我国意识形态建设的价值研究集中于社会主义核心价值观的价值研究，学界开展了深入探讨。王家云等认为"周恩来精神与社会主义核心价值观的本质内涵相契合。周恩来精神与社会主义核心价值观在传承中华民族优秀传统文化、弘扬社会主义道德、吸纳世界文明成果上的成因与取向相统一。周恩来精神还为培育社会主义核心价值观提供了求真务实的培育原则、干部示范的培育重点、说服教育的培育方法等重要方略及样本"[③]。周亚军认为"优秀传统文化是大学生社会主义核心价值观教育的活水源头，是开展

---

① 徐凤琴.马克思意识形态观及其现实意义［J］.理论与改革，2017（3）：34.
② 赖风.习近平意识形态战略思想及其现实意义［J］.山西高等学校社会科学学报，2017，29（5）：4.
③ 王家云，王涛.学习传承周恩来精神对培育社会主义核心价值观的价值［J］.毛泽东思想研究，2017，34（1）：90.

大学生社会主义核心价值观教育的有效载体,并为大学生社会主义核心价值观教育提供方法论指导"①。包心鉴等认为"弘扬人的主体价值、实现人的全面发展,是社会主义核心价值观的核心价值取向;培养人、发展人、尊重人、提升人,是培育和践行社会主义核心价值观的根本出发点和落脚点。弘扬人的主体价值,是社会主义核心价值观的价值本质;实现人的全面发展,是社会主义核心价值观的价值旨归;优化人的成长环境,是社会主义核心价值观的价值功能;涵养人的文明品位,是社会主义核心价值观的价值目标"②。虞崇胜等认为"社会主义核心价值观继承了人类已经形成的价值成果,在实践中对之进行了优化和完善,全面表达了人类的共同愿望,反映了人的自由全面发展的需要,是人类共同价值的高度凝结和系统概括。全面践行并大力传播社会主义核心价值观,在相互尊重、平等对话的基础上促进人类形成价值共识,不仅有利于增强国家文化软实力,扩大社会主义影响力,而且有利于推动各国合作共建一个和谐繁荣的人类命运共同体"③。

由上可知,在相关期刊和著作中,有很多涉及"社会主义意识形态"的地位、作用、意义、功能、属性等的研究。事实上,学术界一直都在做着关于社会主义意识形态"价值"的研究,或者研究意识形态的价值问题,或者从价值视域研究社会主义意识形态问题。但明确专门针对"社会主义意识形态价值"的研究成果还很有限。系统的社会主义意识形态价值研究需要加强。笔者通过中国知网检索,发现关于

---

① 周亚军.传统文化在大学生社会主义核心价值观教育中的价值及实现路径[J].中国集体经济,2017(7):124.
② 包心鉴,吴俊.弘扬人的主体价值和实现人的全面发展是社会主义核心价值观的核心价值取向:访济南大学政法学院包心鉴教授[J].社会主义核心价值观研究,2017,3(1):15.
③ 虞崇胜,叶长茂.社会主义核心价值观与人类共同价值[J].中共中央党校学报,2016,20(2):54.

"社会主义意识形态价值"的明确表述很少,但"社会主义意识形态"与"价值"的关联表述非常多。笔者在"中国知网"检索出吕世荣等《马克思主义意识形态理论史研究的学术价值和实践意义》(2024),叶林《列宁对马列主义的意识形态批判及其当代价值》(2024),姜逸《中国共产党文艺工作中意识形态建设的实践特质与价值旨归》(2023),陈国栋的《论社会主义意识形态的基本价值》(2009)等。这也说明社会主义意识形态价值的相关研究相对集中在马克思主义理论学科。

学者讨论全人类共同价值的时代意义和对西方价值体系的意识形态超越维度。李尚宸等提出"全人类共同价值对西方现代意识形态超越的必然性与重要性。在当今全球化时代,全人类共同价值不断引领着人类命运共同体的构建、人类总体生存与发展的平等性追求以及全球治理新秩序的构筑,深刻彰显出对马克思主义理论的方法论自觉及人类前途命运的终极关怀"[1]。李晓瞳等认为"推动全人类共同价值的实践转化,需要积极参与全球治理体系改革和建设、构建新型国际交往平台、加强对外宣传与国际传播,以此促进外部世界对全人类共同价值的观念认知与价值认同"[2]。贺译瑶认为,人类命运共同体"构建平等协商的伙伴关系,创建持久和平的政治共同体;构造共建共享的安全格局,打造普遍安全的安全共同体;寻求包容互惠的发展前景,打造共同繁荣的经济共同体;推进兼收并蓄的文明交融,打造开放包容的文明共同体;构筑绿色发展的生态体系,打造清洁美丽的生态共同体;接着,概括出解决'世界之问'的中国方案具有相互依存性、合作共赢性、交流互鉴性和

---

[1] 李尚宸,张志丹. 全人类共同价值对西方现代意识形态的超越[J]. 云南大学学报(社会科学版),2024,23(1):5.
[2] 李晓瞳,陶林. 全人类共同价值:对西方价值体系的意识形态超越、建构原则及实践路径[J]. 江苏大学学报(社会科学版),2023,25(1):47.

可持续发展性四大特点"①。

西方马克思主义创始人卢卡奇、柯尔施和葛兰西等关注到了意识形态及其价值问题。卢卡奇"强调在西方工业社会的革命中开展意识形态斗争的必要性和重要性,认定西方革命失败的主要原因是对意识形态领导权的忽视"②。卢卡奇提出意识形态与合法性的关系、意识形态是无产阶级革命的武器等理论。晚年的卢卡奇把意识形态看作社会斗争工具。柯尔施主张尊重马克思理论的整体性,提出"意识形态专政（ideological dictatorship）"③的思想。葛兰西认为意识形态包括哲学、宗教、常识和民间传说等四层内容。他提出"意识形态领导权"思想,意识形态研究者大卫·麦克莱伦分析说"葛兰西把当时第二国际的失败归咎于工人阶级运动在抵抗资产阶级意识形态领导权（ideological hegemony）渗透上的无能"④。他论证意识形态（市民社会）居于社会结构格式塔的第三位,将意识形态领导权摆在西方社会革命中空前突出的位置。以马尔库塞等为代表的法兰克福学派,以弗洛姆为代表的精神分析的马克思主义学派和以阿尔都塞为代表的结构主义的马克思主义学派分别提出了关于意识形态价值结构的独到见解。它们对开展社会主义意识形态价值结构研究同样具有借鉴意义。

国际社会探讨意识形态在苏联解体中的功能。俄罗斯联邦共产党中央书记德·格·诺维科夫认为导致苏联解体的最为重要的因素是苏联共产党的危机,其中意识形态危机使人们怀疑共产主义的价值,使许多苏

---

① 贺译瑶. 意识形态结构论视野下的人类命运共同体研究［D］. 杭州：浙江工商大学, 2023：3.
② 俞吾金. 意识形态论［M］. 北京：人民出版社, 2009：220.
③ KORSCH K. Marxism and Philosophy［M］. New York：Monthly Review Press, 1970：144.
④ MELELLAN D. Marxism after Marx［M］. Boston：The Macmillan Press LTD, 1979：186.

联人迷失方向。诚如新加坡郑永年所说，意识形态是凝聚社会的软力量，德国克勒尔、保加利亚科伊乔·佩德罗夫在这个意义上分析导致苏联解体的意识形态因素。俄罗斯弗·伊·多博林科夫探讨国家意识形态在政治、经济和社会发展中的功能。

笔者认为当今时代社会主义意识形态价值结构是难以把握的，但社会主义意识形态价值及其结构是客观存在的。社会主义意识形态价值结构的研究是艰难而可行的。当然，社会主义意识形态价值不是简单的和绝对的。这也正是需要我们去深入研究其价值结构的一个缘由。关于社会主义意识形态价值结构的研究刚刚迈出步伐。而其理论基础和理论资源是丰富的、深厚的，也是源源不断的。沿着前辈学人的脚步，但愿关于社会主义意识形态价值结构的研究能够更加稳定、更加顺利地展开。

（二）关于价值结构的研究现状述评

这里的价值不同于经济价值，不仅仅是劳动创造的价值，它是抽象的、一般的价值，是一个哲学概念。关于价值结构的研究基本与价值的研究同步。西方关于"价值"问题的关注脱胎于本体论、认识论、实践论的研究，兴起于19世纪末20世纪初。中国早在20世纪30年代就已有学者提出研究价值问题，主要是引介西方价值哲学。我国对现代价值问题的关注兴起于改革开放初的20世纪80年代。后来便一发不可收，持续至今。

学界对价值问题的研究取得丰硕成果，形成显著特色。概括来讲，这些研究主要由三部分构成，马克思主义价值理论、中国传统价值理论和西方主要流派价值理论。这里主要谈马克思主义价值理论，这也是当今中国关于"价值"问题的主要研究类型和路径。（1）以马克思主义价值论为指导，坚持价值的客观性。不同于西方价值论认为价值是相对估价的心灵而言的，价值是评价的结果，把价值混同于评价等观点，学者大多认为价值是客观存在的，价值决定评价，价值是评价的对象，评价是价值的反映。(2)以科学的实践观和唯物史观指导价值哲学研究。多数学者采用主客体关系模式研究价值结构问题。从根本上说实践是价值的基础，实践创造价值。学者深入研究了价值实现过程，探讨了价值的结构和实质，探讨了价值实现的本质与层次等。代表性的学术著作有杨豹的《道德价值论》（2024），曾绪宜的《创造性劳动价值论》（2023），李建平的《劳动价值论》（2023），司马云杰的《价值实现论：关于人的文化主体性及其价值实现的研究》（2011），江畅的《价值论与伦理学研究》（2010），马俊峰的《价值论的视野》（2010），李德顺的《价值论》（2007），王玉樑的《当代中国价值哲学》（2004），李连科的《价值哲学引论》（1999），袁贵仁的《价值学引论》（1991）等。

"价值结构"相关学术论文非常多，题名中包含"价值结构"的中国知网收录学术论文有211条。为了提高意识形态价值视域下关于"价值结构"研究的针对性，选取了"中国知网"提供的"学科"中的"中国政治与国际政治""行政学及国家行政管理""哲学""文化"和"思想政治教育"五个领域的研究成果作为本文选题相关研究现状的来源数据库，共计有42篇文章。结合这些代表性文章，从价值结构的内涵、要素和类型三方面做出梳理。

1. 关于价值结构的含义

马克思在《评阿瓦格纳的"政治经济学教科书"》中讲道："'价值'这个普遍的概念是从人们对待满足他们需要的外界物的关系中产生的。"[1] 他还讲到价值"是人们所利用的并表现了对人的需要的关系的物的属性"；"表示物的对人有用或使人愉快等等的属性"[2]。李德顺

---

[1] 中共中央马克思恩格斯列宁斯大林著作编译局. 马克思恩格斯全集：第19卷 [M]. 北京：人民出版社，1963：406.
[2] 中共中央马克思恩格斯列宁斯大林著作编译局. 马克思恩格斯全集：第26卷Ⅲ [M]. 北京：人民出版社，1974：139，326.

>>> 第一章 社会主义意识形态价值结构研究绪论

认为，按照马克思主义，价值"就是指客体的存在、属性及其变化同主体的尺度是否相一致或相接近"[①]。简单来讲，价值就是事物对于人，确切地说是客体对于主体的"意义"或"用途"。各种价值学说的观点大体与此相同。但是，进一步追问"意义"的实质，不同的哲学体系就会有不同的回答。常见的有八种观点：观念说或精神存在说、意义说或需要说、实体说、属性说、价值关系说、劳动价值说、功能效应说、价值实践说等。

其中，"价值关系说"认为客体对主体的"意义"本身是一个关系范畴，指相互联系和运动所产生的作用和影响。价值本质上是人所特有的对象性关系现象。"价值实践说"实际上是对"价值关系说"的继承和发展。在马克思主义实践观指导下，它认为价值是一种关系现象，而且是作为一种特定的"关系态"或"关系质"而产生和存在的；进而指出，价值的客观基础是人类生命活动即生活实践所特有的对象性关系——主客体关系。价值是这种主客体关系的基本内容和要素，它产生于主体按照自己的尺度去认识世界改造世界的现实活动。价值的本质是客体属性同人的主体尺度之间的一种统一，是"世界对人的意义"。笔者主张价值实践说，同时借鉴前面七种理论观点中的合理因素开展意识形态价值问题的研究。

价值结构是指价值关系或者价值实践所呈现出来的价值要素、要素和要素之间、要素和整体之间的关系。西方"价值完形说"借用格式塔（完形）心理学的方法，把价值理解为主体心态对客体的一种"完形"效应，而从主体心理角度勾勒出价值结构。"价值情境说"也认为价值是一种在特定情境中基于意义或功能而结成的关系的概念，是一种现实的价值主体需要得到满足和价值客体满足需要的关系状态，它在特

[①] 李德顺. 价值论 [M]. 北京：中国人民大学出版社，2007：27.

定的关系中、并以关系的形式存在和表现出来。① 这种说法显然更加合理和贴近生活实际。它充分强调了主客体关系的具体情境在价值产生和形成上的作用。而马克思主义价值论则进一步从实践观点、辩证观点揭示出价值结构的客观性、主体性、科学性内容。

2. 关于价值结构的属性

从哲学上讲，作为价值，其结构决定其功能，也就决定其本身。价值是表达人与物之间的需要与满足的对应关系的范畴。它也是一个属性范畴。李德顺认为，价值的前提是客体的属性、功能和效用，实质是主客体间形成的实践关系，归根结底决定于主体。按照这一观点，价值结构具有"主体的客观性"，具有"客观性"和"主体性"。其主体性主要表现为个体性和多元性、多维性和全面性、时效性和历时性等。② 袁贵仁提出价值的社会性、相对性和绝对性、客观性。③ 这些研究成果，为社会主义意识形态价值结构属性的研究提供了丰富的理论参考。

3. 关于价值结构与评价

研究价值结构的客观性存在问题不可避免地要回应价值结构与评价的关系问题。就这一问题，学界已经开展丰富的研究。评价是研究"价值"问题的一个重要选题。它是正确认识价值的重要方面，也是正确实现价值、创造价值的前提和依据。

关于评价的本质。国内学者关于"评价"的研究有很多。多数学者认为评价在本质上虽然不同于科学认知，但仍然是一种认识，是一种反映。只不过它是一种特殊的认识和特殊的反映。这也是袁贵仁、李德

---

① 方迪启. 价值是什么？价值学导论［M］. 台湾：台湾联经出版事业公司，1986：118.
② 李德顺. 价值论［M］. 北京：中国人民大学出版社，2007：85, 102, 241.
③ 袁贵仁. 价值学引论［M］. 北京：北京师范大学出版社，1991：147-158.

顺、陈新汉、马俊峰、冯平等学者的基本观点（当然具体论述时有区别）。① 袁贵仁认为"所谓评价，就是主体对客体于人的意义的一种观念性掌握，是主体关于客体有无价值以及价值大小所作的判断"②。

价值结构能否得到客观的评价？价值结构评价具不具有客观性？这个问题的核心在于能否找到客观的"评价标准"。按照李德顺的观点，实践是最高的价值评价标准，而实践无疑是客观的。也就是说，评价标准有着客观基础，也就是最终检验和判断各种评价标准的标准，即"标准的标准"，实际就是人们的需要和利益等主体性的尺度，名之曰"价值标准"。"价值标准"是一个代表评价标准的客观基础的概念，表示这里也像价值与评价的关系一样：评价标准反映价值标准，价值标准决定评价标准。简言之，评价标准就是指人的、主体的客观需要和利益。价值标准与主体的存在具有统一性，是一种主体性的而不是主观性的存在。

李德顺进一步论述道"评价是以一定价值事实为对象的反映"③。那么，存在不存在价值事实呢？存在客观的价值结构吗？李德顺认为"价值事实的存在是与价值关系的存在相一致的。在客观地存在着价值关系及其运动的地方，价值事实就作为它的结果、现实效果而客观地存在"④。"价值事实是一种主体性的事实。这种事实是属人的、社会的、历史的客观事实；主体客观性、主体特质性和多样性，是它的基本特点。"⑤ 客观的价值的根基在于客观的价值事实而不仅在于评价结果中，而且价值事实能够被认知为科学的存在。所以，价值评价具有客观性，

---

① 王茂胜. 思想政治教育评价论[M]. 北京：中国社会科学出版社，2006：38.
② 袁贵仁. 价值学引论[M]. 北京：北京师范大学出版社，1991：207.
③ 李德顺. 价值论[M]. 北京：中国人民大学出版社，2007：233.
④ 李德顺. 价值论[M]. 北京：中国人民大学出版社，2007：238.
⑤ 李德顺. 价值论[M]. 北京：中国人民大学出版社，2007：243.

价值结构可以被客观认知。

郑杭生等从社会学的角度探讨价值评判的问题。他在《当代中国价值评判体系的转型》一文中认为，在相对稳定的社会里，社会所认同的价值评判基本上是统一的，或者说人们社会行为的一致性程度比较高。但是在社会转型时期，社会价值评判不是统一的而是多样的。除了违法行为之外，几乎所有的社会行为都能得到相应的价值评判的支持，同时受到另一种价值评判体系的贬损。究竟以哪一种价值评判体系来裁决社会行为的是与非、善与恶、美与丑呢？他根据抽样问卷调查的结果，描述了当代中国价值评判体系转型的轮廓，指出当代中国已形成多样化价值评判的格局，即存在原有的、不定的和新生的三种价值评判体系。[①] 这在一定意义上也说明评价具有主体性和客观性。

（三）关于社会主义意识形态价值结构的研究现状述评

列宁曾经指出："只有了解人类创造的一切财富以丰富自己的头脑，才能成为共产主义者。"[②] 社会主义意识形态的价值结构，在广义上是国与国、阶级与阶级、民族与民族、群体与群体、人与人以及其相互之间在交互活动中所创造出来的社会主义的意识形态的价值结构，是以社会主义核心价值体系和社会主义核心价值观为本质体现的特定意识形态满足意识形态主体需要的关系结构，包括价值主体结构、价值客体结构。

当今社会主义意识形态的价值结构受到各种社会力量的激荡、冲击、解构和建构。朱虹认为，社会主义意识形态作为一个完整的思想体系，有着丰富的内容和复杂的结构。其内部结构以马克思主义为核心，以社会主义的哲学观、政治观、道德观、理想观为环绕。其外部结构表

---

① 郑杭生，郭星华. 当代中国价值评判体系的转型 [J]. 社会学研究，1995（5）：26.
② 列宁选集：第4卷 [M]. 北京：人民出版社，2012：285.

现在它与社会主义经济基础和政治上层建筑的相互关系之中，表现在它与社会主义社会结构中其他意识形态的矛盾运动中，表现在它与其他社会意识的联系与区别之中。[①] 江圣认为，因其指导面广，受众的水平层次又有着明显的差别，中国特色社会主义意识形态的结构不应该是笼统宽泛的平行结构，而应该根据不同层次、不同受众分为类似于地球结构的三个层次：（1）核层次——以人为本；（2）幔层次——社会主义核心价值体系；（3）壳层次——和谐的社会意识形态。[②] 余科杰认为，政党意识形态可以主要划分为三个层次：一是哲学的最高层次，二是思想信仰层次，三是政治纲领层次；或者划分为"主义"和"纲领"两方面。还有学者谈道，集体主义价值结构的基本问题是集体主义原则及其基本价值对个体与集体、国家关系的调节，解决人民群众之间的利益关系与矛盾，保证集体主义的人民性与为民性。人民性即最广大人民群众根本利益的实现，是集体主义的根本价值。集体主义基本价值结构还包括个体价值与集体价值的内在互生结构，集体心理、集体观念和集体灵魂的三维价值结构。集体主义的价值创新包括集体主义价值理念的创新与升华，基本价值的弘扬与丰富，价值关系的拓展与优化。[③]

进入新时代以来，中国共产党重视意识形态工作。习近平在2013年全国宣传思想工作会议上指出"经济建设是党的中心工作，意识形态工作是党的一项极端重要的工作"。在党的十九大报告中，习近平指出"建设具有强大凝聚力和引领力的社会主义意识形态，使全体人民

[①] 朱虹. 社会主义意识形态结构论 [J]. 华中师范大学学报（哲学社会科学版），1992（1）：1-8.
[②] 江圣. 意识形态结构与中国特色社会主义意识形态 [J]. 理论与改革，2007（6）：5-6.
[③] 刘波. 当代中国集体主义的价值结构与价值创新 [J]. 求实，2013（8）：30-33.

在理想信念、价值理念、道德观念上紧紧团结在一起"①。习近平把意识形态安全纳入国家总体安全的范畴中,他在党的二十大报告中指出要"坚定维护国家政权安全、制度安全、意识形态安全"②。这本身就凸显了社会主义意识形态具有重要的价值,这成为社会主义意识形态价值研究主题的一个热点重点难点问题,成为一种意识形态价值的社会现象。

当今时代是人工智能时代,人工智能对党的意识形态工作影响巨大。人工智能是一个虚拟的、快捷的、模拟的、超时空的、泛主体的(交互式多主体的)、海量信息的、私密的、封闭而又开放的、个性化的、民主的平台,也是一个高科技性、科技理性、娱乐性、自动化、智能化、应激性的平台。虚拟仿真技术的广泛运用,ChatGPT类生成式人工智能技术的问世,自然语言生成技术的出现,这些展示了人工智能技术平台,也展示了人工智能时代的时代声音和呼唤。这已经构成意识形态工作的时代背景和组成要件。在中国知网检索可知,题名中包含"意识形态"并含"价值"的学术论文有770条;题名中包含"意识形态"并含"互联网"的学术论文有270条;题名中包含"人工智能"并含"意识形态"的学术论文有79条。在人工智能时代,在算法助推下,人工智能技术条件会对传统的信息垄断、信息秩序、信息不对称形成一种消解、冲击和解构。所以,也要清醒地看到,在人工智能时代中社会主义意识形态建设面临时代挑战。社会主义意识形态建设实效欠佳,功能发挥不太理想、不太好;人们精神生活存在信仰失落、精神空虚、价值迷茫等现象和问题。社会主义意识形态价值没有得到充分彰

---

① 习近平. 决胜全面建成小康社会 夺取新时代中国特色社会主义伟大胜利:在中国共产党第十九次全国代表大会上的报告[M]. 北京:人民出版社,2017:41.

② 习近平. 高举中国特色社会主义伟大旗帜 为全面建设社会主义现代化国家而团结奋斗:在中国共产党第二十次全国代表大会上的报告[M]. 北京:人民出版社,2022:53.

显，存在社会主义意识形态意义不落地、功能难发挥、价值欠实现等价值问题。学界从现实境遇、风险化解、国家治理、隐忧消除等方面提出应对之策。代表性的论文成果有邢华超的《短视频场域高校提升主流意识形态引领力的现实境遇与实践指向》（2024），徐光辉等的《数字意识形态风险及其治理》（2024），张庆国等的《AIGC赋能主流意识形态传播：价值探寻、风险探析与进路探赜》（2024），孙冲亚的《弱人工智能时代的意识形态风险及其纾解》（2024），杨章文的《ChatGPT类生成式人工智能的意识形态属性及其风险规制》（2024），刘志礼等的《数字意识形态安全风险的深度透视与治理路径》（2023），王宇婷的《数字意识形态风险的诱因、样态及治理》（2023），王安平的《全媒体时代网络群体极化的意识形态隐忧及破解之道》（2023），张林的《分化与平衡：算法推荐场域主导意识形态传播权力建构》（2023），豆勇超的《基于意识形态结构理论的泛娱乐主义透析》（2021）。

从一定意义上讲，人工智能时代社会主义意识形态的价值结构安排、结构设计不尽科学、不尽合理。需要加强社会主义意识形态结构，特别是在价值论的层面和视域下加强社会主义意识形态结构，也是社会主义意识形态价值结构的理论耕作。在人工智能时代，继承和发展社会主义意识形态价值理论，提高理论的阐释力、吸引力、改造力和创新力，服务于社会主义意识形态的价值创造和价值实现，非常有必要澄清、把握和创造社会主义意识形态的价值结构，彰显其应有的价值。

三、核心概念界定

概念是学术研究的理论之砖。社会主义意识形态价值结构研究首要的是明确社会主义意识形态价值的核心概念和社会主义意识形态价值结构的核心概念。

（一）社会主义意识形态价值

价值的本质就是客体主体化，就是客体按照主体的需要、目标、设计改变了自身原来的要素、结构和形态。意识形态价值的本质就是某种特定的价值体系在其目标群体中的实现及其程度。社会主义意识形态价值，通俗地讲就是社会主义意识形态的好坏，有什么作用。一方面，社会主义意识形态价值取决于社会主义意识形态本身的属性。越是科学化地揭示出来的社会主义意识形态就越客观、越可用，其价值也就越能普遍彰显。另一方面，社会主义意识形态价值更决定于其主体的需要。这里的需要不是主观臆想和肆意妄为的欲望和激情，而是马克思主义所科学地揭示出来的决定人的本质的人的客观需要、社会需要。

从以上两方面来看，社会主义意识形态价值问题要以科学为工具来寻求解答，这也是最可行的路径选择。最终，社会主义意识形态要实现真理和价值的统一，这是其最高的价值实现。科学作为价值工具和价值目的，在这个过程中发挥着重要的作用。社会主义意识形态价值问题的提出带来的是作为价值的科学的出场。科学承载和托举着社会主义意识形态价值问题。作为完全理论体系化了的社会主义意识形态，特定的科学本身就是价值目的。所以，从价值哲学的视角看去，意识形态和科学也同本体论视角下的两者的关系相一致，是孪生兄弟的关系。科学不过是精确化的"社会主义意识形态"，以客观中立面貌出现的社会主义意识形态，不过是将价值关系转变成了从第三方审视对象体系的关系。而且几乎所有的价值关系都可以实现这种转变。当然这种说法可能会带来集权、专制的危险，也就是走向了社会主义意识形态的核心领域而完全抛弃了"科学"的核心领域——这一世界的另一极点。从社会主义意识形态价值的视角来看，科学是需要被审视的，"科学"的核心腹地（所谓逻辑学、数学等纯粹的科学以及科学真理等内容）是应当被否定的。这就是为什么列宁讲"几何公理要是触犯了人们的利益，那也一定会遭到反驳的"①。更何况，有人认为，根本就不存在所谓的科学，社会科学都是有立场和价值取向的，自然科学不过是特定阶级社会的思想和文化的产物。古希腊持"地心说"的人们对此坚信不疑，以致烧死了"哥白尼"，如今人们对所谓"科学"仍坚信不疑。千百年后的人们又当如何看待我们对"科学"的痴狂呢。这种痴狂不就是一种意识形态的经典表现吗?！当然从意识形态价值的角度审视科学是冒险的，也是狂妄的，特别是在这个"科学"的时代。科学在这里能提供的最好是批判、怀疑的一个极点的存在，与意识形态保持距离，与价值保持距离。但客观地讲，除了这个极点和另一个意识形态的极点之外，科学与意识形态共生共存着。保持距离而不是消失，保持距离是个相对的提法。

社会主义意识形态可以看作一种价值形态的社会意识，社会主义意识形态的价值问题从一定意义上讲就是关于某种价值的价值问题。这样看来，社会主义意识形态的价值问题是一个"元问题"，有一定的抽象性、思辨性，乃至"玄"性也就不足为奇了。社会主义意识形态是要教化群众、掌握群众的，其核心本质是价值问题，或者说社会主义意识形态的本质具有很强的价值指向性。从价值哲学透视社会主义意识形态完全可行。

（二）社会主义意识形态价值结构

社会主义意识形态价值结构，在一定意义上可以解读为，基于社会主义意识形态结构进行的意识形态功能解析。功能是体现价值的一种形式。功能具有主体性。事物具有客观的结构，这种结构决定事物的状态、运动。事物若要产生效能、功用、效果，也就是要满足主体的某种

---

① 中共中央马克思恩格斯列宁斯大林著作编译局. 列宁全集：第17卷[M]. 北京：人民出版社，2017：11.

需要，或者对主体产生某种影响了，它就有价值了。

意识形态本身是什么，可以不深研深究，先放一边，而其价值是客观存在的。其价值结构决定这种价值的客观存在性。研究意识形态价值结构，研究其价值谱系，包括时间、区域、人物观点派系、类型的界定，是本文重要内容。简单讲，就是搞明白意识形态价值究竟是怎样的结构、机理、体系，以为我国国家主流意识形态建设提供参考和智力支持。本文设想用发展着的当代中国的马克思主义来审视意识形态和意识形态建设，主要是马克思主义的价值理论来窥探意识形态的价值谱系。如同在三棱镜下呈现七色光谱。

从学术角度看，中国国家主流意识形态建设最重要的还不是一个政治的问题，而是理论的问题。理论的问题只能靠理论本身的创新来解决。为此，本文力图在理论与中国现实的结合上，探讨社会主义意识形态的理论结构与功能价值，并以此为基础分析中国特色社会主义意识形态的理论与实践。

从类型的角度看，社会主义意识形态价值结构具有多种类型。这些不同类型的意识形态价值结构是相应价值构成要素组合、外化、固化成的不同的类型。有的反映大众或小众人群的价值诉求，有的反映真实或虚拟的价值内容，有的反映主流或非主流的价值倾向。我们也可以从和其他价值结构类型相比较的状态角度或地位角度来谈社会主义意识形态价值的结构，也可以从内在的价值要素构成角度、从历史沿革的角度来谈社会主义意识形态价值的结构。

四、研究思路、方法

开展马克思主义理论指导下的跨学科的应用研究。结合意识形态实际和案例情况展开研究。遵循提出问题—分析问题—解决问题的研究思路。在马克思主义唯物史观、辩证法和系统论的指导下展开研究。

(一) 基本思路

社会主义意识形态价值结构研究坚持马克思主义世界观和方法论，坚持马克思主义立场和价值观。本选题也是基于当代中国特色社会主义意识形态建设这一热点现实问题提出的，初衷是服务和支撑中国主流意识形态建设和社会主义意识形态价值实现。本选题的提出依据有着深厚的理论基础和强烈的现实需要。

本选题旨在探究社会主义意识形态的"价值结构"是什么。为了澄清这一问题，文章分为五章，分别从社会主义意识形态价值的核心概念、主体、客体、结构系统、结构功能进行深入探讨，构成"总—分—总"的内在逻辑。每个章节都以相关马克思主义意识形态理论和系统论知识为指导，对社会主义意识形态价值结构的相关内容做出理论联系实际的剖析。

(二) 主要研究方法

科学的研究要靠科学的研究方法来保障和推进。方法在很大程度上影响研究的效率，甚至决定研究的成败。结合本选题阶级性、理论性、系统性较强的特点，主要运用以下5种研究方法。

1. 文献查阅法

广泛收集国内外关于社会主义意识形态、价值结构等方面的研究成果，特别要广泛收集关于意识形态功能和作用、价值评价主体性与客观性的研究成果，努力使研究建立在扎实的已有研究基础之上，站到更高的起点上。

2. 阶级分析法

运用马克思主义的阶级观点，从阶级对立和阶级斗争的角度分析包括社会主义意识形态在内的多样意识形态价值结构。认识阶级社会意识形态价值结构演进的历史线索，揭露网络时代社会主义意识形态价值结构深刻的阶级主体性。

3. 比较分析法

研究涉及形形色色的意识形态理论和价值理论，对运用比较分析法的要求比较突出和严格。鉴别社会主义意识形态价值研究的相关资料，尝试进行多角度比较研究，使科学研究更加深入全面。尽可能地从时代、国别、派别、思想体系、研究方法等方面阐述意识形态价值问题。在比较中提高研究水准。比较分析法是本文的基本研究方法。

4. 归纳演绎法

研究需要较高的"一般"和"特殊"的转换能力，即对归纳演绎法的掌握和运用。也就是说，要探索规律和原理，尽可能地从网络时代社会主义意识形态价值结构的现象和事实出发，从特殊到一般地进行归纳概括，这不仅要能列举实例，还需要陈述原理。从事实出发进行归纳分析，可得出一些普遍规律。归纳主要是概括的推理思维，对于概括网络时代社会主义意识形态价值结构的特点、形成相关观点具有重要意义。演绎是一种间接推理的思维方法，是通过判断间接获得知识的重要方法。根据意识形态价值的规律，可进一步认识网络时代社会主义意识形态事实和现象。演绎推理可以实现推理判断，举一反三，研究具体的问题。

5. 系统分析法

由于选题相对比较宏大和开放，往往需要在不确定的情况下，确定问题的本质和起因，明确目标，寻求突破，并参照一定标准进行比较、分析，在复杂的问题和环境中做出科学抉择。实质上，是以"实物为中心"逐渐过渡到以"系统为中心"的科学思维突破，包括模拟的系统特征分析方法、系统逻辑分析方法和系统管理技术。

第二章

社会主义意识形态的价值主体结构

习近平在十九大报告中讲中国的社会主义事业"以人民为中心"。主体是明确的,理所应当是人民。人民的概念是发展的。在当今时代,人民的含义包含两个基本内涵,一是国民中占大多数的人们;二是普遍而基础的社会从业者。普遍是指普普通通的每个人,基础是指这样的人承担着基本的社会责任和社会职能。"人民"是规模最宏大的意识形态价值主体。当今时代的意识形态价值主体是多样阶层共存的主体,不同类型不同规模的经济主体、政治主体、文化主体、生态主体多样化并存。个人主体也因为移动互联网而异军突起。移动互联网形成某种倒逼机制,形成意识形态的反馈、回流,有助于巩固人民的价值主体地位。这是新时代对意识形态价值主体的重视和强化。

一、价值主体需要结构理论简述

按照马克思主义价值理论,价值是人的本质力量的体现。关于主体需要的代表性理论包括马克思主义需要理论,马斯洛的需要层次理论等。

马克思主义认为人的需要是客观性的、社会性的、实践性的,在阶级社会具有阶级属性。需要决定人的本质。人的物质需要是第一位的。需要的满足、满足需要的过程、方法和工具于人会激发出新的需要。这些需要构成人之为人的本质力量。人不仅有物质性需要,即衣食住行用的需要。人也有精神性需要,对文化、教育、审美、艺术的需要。人还有对物质和精神的混合性需要。种种需要使人成为万物的灵长,成为自由且超越的高等智能生物。

需要影响动机,动机决定行为。在马斯洛1954年出版的《动机与人格》一书系统明确地论述了需求层次理论。人的需求由低级到高级分为生理需求、安全需求、归属与爱的需求、尊重的需求和自我实现的需求。马斯洛认为,人的需求包括不同的层次,而且这些需求都由低层次向高层次发展。层次越低的需求强度越大,人们优先满足较低层次的需求,之后会激活更高层次的需求,如此依次满足更高层次的需求。他认为,需求的产生由低级向高级的发展是波浪式地推进的,在低一级需求没有完全满足时,高一级的需求就产生了,而当低一级需求的高峰过去了但没有完全消失时,高一级的需求就逐步增强,直到占据绝对优势。

党的十九大报告提出要"培育自尊自信、理性平和、积极向上的社会心态"[1]。价值主体源在于同一个地球,同一个人类族群,同一个家庭根脉。一个人类族群,根本上就是一个命运共同体。追根溯源,我们是需要共同体的、需要归属感的、需要爱的社会性动物。我们希望有一个集体大家庭、有一个共同的家园。我们不喜欢孤独、孤立的生产生活,我们希望能够生活在有包容有关爱有意义的集体中。人的需要是复杂多样的,涉及欲望、动机、兴趣、趣味,具体包括认知需要、情绪情感需要、意志的需要、思维需要、精神信仰的需要等。人的需要分领域包括经济需要、政治需要、法律需要、文化需要、生态需要、社交需

---

[1] 习近平. 决胜全面建成小康社会 夺取新时代中国特色社会主义伟大胜利[N]. 人民日报, 2017-10-19(3).

要等。

当前和今后一定时期，意识形态领域暗流涌动、斗争激烈。为了维护国家主流意识形态安全、维护国家安全和祖国统一，挖掘主体需要所蕴含的丰富的意识形态工作资源具有重大的理论和现实意义。文化的内涵丰富、特征鲜明，对中华民族灵魂、精神、人格的塑造具有重要理论和方法论意义。中国人信奉的是世界的大同、正义、仁孝、忠诚、和合。文化在百家争鸣中实现融合共生，互促共进。中国传统文化的结构是儒家为主脉，儒释道共融是核心，民间信仰是群众基础，兼容并蓄，海纳百川。中国文化形成多样性和谐共处，既有主体性又有包容性的独特文化模式。传统文化对于建设社会主义和谐社会、构建人类命运共同体具有理论和现实意义。文化是人们精神的寄托。文化具有安抚人心的功能。当今的中国和世界并不太平，贫富差距、阶级分化、精神痛苦、文化隔阂、文明冲突存在并还将长期存在下去。面对这些现实问题，新时期的意识形态工作需要发挥文化的作用以便更好地开展工作。信仰文化是对神明力量的崇敬和信仰，是人类社会发展到一定程度后出现的较高层次的文化现象，属于意识形态（观念上层建筑）的范畴。文化包含理论体系、道德规范和礼仪形式，也包含经验体验、感性直觉、遵从信奉等。

优秀的文化都是饱含温情的，往往以感恩、爱、关怀、安慰、宽容、温暖等强烈的情感来感染人、影响人、教化人、塑造人。情感方法被文化运用到了极致，而且和文化内在自洽耦合。文化在即景生情、以情生情、寓教于乐、以需动情、以理动情等方法运用上已臻纯熟自然。文化善于结合多种艺术手法给人带来美的感官享受，强烈而深刻的情感体验，激发情感，达致共情，引导情感。意识形态和文化相结合，和文学、音乐、绘画、舞蹈、建筑等相结合形成多种多样、丰富多彩的意识形态美学样态。意识形态美学甚至成为特定历史时期的艺术典范、审美巅峰。

意识形态的供需设计、传播、宣讲要符合人的认知过程规律和方法，激发和满足人的意识形态需要。这里面涉及引起感知觉的方法、保持记忆的方法、激活想象的方法、吸引注意的方法、发动思维的方法、学习和认同观念的方法。现代信息加工理论、认知图示理论在依托认知过程方法和人工智能方法基础上，提出现代认知过程方法理论。往往把认知过程划分为若干阶段，再对每个阶段操作化、程序化、形象化。认知过程就被设计为若干阶段的衔接、封装和顺利运行。意识形态的传播紧跟现代认知过程方法发展的步伐，将意识形态价值内容和鲜活时代技术方法巧妙结合起来，同时传统的传播方法依然在发挥作用。

从价值主体的角度来看，无产阶级是社会主义意识形态建设的依靠力量，世界无产阶级联合起来的力量是伟大的主体力量。人民不仅仅是中国人民，也包括世界人民。意识形态价值主体结构应该是"人类命运共同体"统领下的主体结构。意识形态价值的依靠力量是人民力量。相比较而言，国内的依靠力量已经很强大雄厚了，而国外的依靠力量还相对薄弱。要提升国外的依靠力量，关键是如何使得国内国外力量良性互动、互相支持、互相促进。让国内依靠力量支援、促进、汇聚国外力量，让国外力量延续、发展、拓展国内力量。我们在经济上，推行"一带一路"建设，推动亚投行建设；在政治上，推进构建人类命运共同体，开展新时代大国外交；在文化上，不以意识形态、价值观念划边站队，开创人类文明新形态。本章着手从宏观、中观、微观三个维度探讨价值主体及其结构，并且尝试分析三大价值主体的功能。

二、个人价值主体在社会主义意识形态中的微观视角

个人价值主体在社会主义意识形态中属于微观的视域，是社会主义意识形态集体价值和国家价值主体形成和实现的基础。

（一）社会主义意识形态个人价值主体的含义

个人价值主体是构成社会主义意识形态价值主体结构的基石，其在微观层面上生动地展现了意识形态的多样性和生命力。个体的思想意识和价值观念，在无形中塑造并反映着社会主义意识形态的特质。尤其在中国式现代化的进程中，来自不同社会阶层和文化背景的人们都经历着深刻的心灵变革和思想提升。他们思想观念的更新和价值观念的重塑，不仅揭示了社会发展的深层变迁，同时也为社会主义意识形态注入了持续的创新活力和内在驱动力。

笔者认为，社会主义意识形态个体价值核心理念，旨在凸显个体在社会主义意识形态体系中的中心地位。它不仅体现在个体作为意识形态的承载者和传播者这一角色上，更在于个体对意识形态的深刻理解、真诚内化以及在此基础上的创新发展。正是这些元素，共同为社会主义意识形态注入了丰富的实践内涵与源源不断的活力。社会主义意识形态个体价值的核心要义有以下五方面。

第一，社会进步的需求与对人才素质的特定要求，为社会主义意识形态个人价值主体的培育和实现指明了方向。个体的意识形态价值，既要与国家社会的整体发展方向相契合，又要能促进个人的综合素质提升。因此，培养全面发展的社会主义建设者和接班人，既是个人成长的目标所在，也是这一目标是否达成的重要衡量标准。

第二，在社会主义意识形态的宏大背景下，个体既是意识形态教育的接受者，又是意识形态教育的参与者。个体在接受意识形态熏陶的同时，也积极参与到其传播与实践中，成了推动意识形态发展的不可或缺的力量。

第三，个体的内在需求是推动其意识形态价值发展的核心动力。随着时代的发展变迁，个体的需求也在不断变化。这就要求社会主义意识形态能够敏锐地捕捉并及时响应这些变化，以满足个体的价值追求，进而推动个体价值的全面升华。

第四，社会主义意识形态的重要性不仅在于满足个体的精神需求，更在于其能够引导个体树立正确的世界观、人生观和价值观，从而推动社会的持续进步。因此，加强和改进意识形态教育对于提升个体的意识形态价值具有不可替代的重要意义。

第五，实践是检验个体意识形态价值是否得以实现的关键环节。只有通过实践，个体才能深刻领悟社会主义意识形态的精髓，并将其转化为指导自身行动的准则。这一过程不仅加深了价值主体与价值客体之间的联系，也为个体价值的实现提供了有效的途径和平台。

社会主义意识形态个人价值主体是一个多维度、深层次的概念，它涉及个体在意识形态中的核心地位、个人需求与社会发展的相互关系、意识形态教育的重要影响以及实践活动的决定性作用等多个方面。深入探究这一概念，对我们全面理解和推动社会主义意识形态的持续发展具有深远且重要的意义。

（二）社会主义意识形态个人价值主体的定位和功能

1. 社会主义意识形态个人价值主体的定位

社会主义意识形态个人价值主体在整个意识形态价值体系中的定位，是关乎社会主义意识形态发展走向的重要方面。深刻理解并准确把握这一定位，对于推动社会主义意识形态的繁荣与进步具有不可估量的重要性。个人价值主体，作为整个价值体系的有机组成部分，其存在和活跃不仅为体系增添了丰富性，更是推动体系持续演进与创新的不竭动力。

（1）社会主义意识形态个人价值主体在整个意识形态价值主体中的定位

社会主义意识形态以社会主义核心价值观为内核，为个人提供了系统的价值观念和行为规范。这一体系深刻塑造了个人的思想观念、道德

第二章 社会主义意识形态的价值主体结构

品质，并引导其社会行为模式和责任担当。因此，个人在社会主义意识形态中的首要角色，是该体系的引领和教化对象。在此角色定位下，个人在社会主义意识形态的宏大框架内探寻并确立自身的价值坐标和精神归宿。

我们必须清醒地认识到，个人价值主体的发展与社会主义意识形态价值体系的整体状况是紧密相关的。当该体系运行有序、充满活力时，它为个人的全面发展提供了必要的条件：优质的教育资源促进了个人的知识积累和能力提升；丰富多彩的文化活动拓展了个人的文化视野和审美体验；和谐稳定的社会环境为个人的成长提供了安全保障。在这样的背景下，个人的思想道德素质得到了显著提升，个人价值也得到了更为充分的实现。这种相互影响不仅对个人发展具有深远意义，也为社会主义意识形态的传承与创新注入了源源不断的动力。

同时，个人并非完全被动的接受者，他们通过自身的独立思考、自主选择以及创新实践，对社会主义意识形态价值体系产生着积极的影响。这种影响既体现在个人成长过程中的自我超越与提升，也体现在对社会主义意识形态内容的丰富与拓展上。个人的每一次理性思考、每一次负责任的选择以及每一次创新尝试，都是对社会主义意识形态的积极回应与有力推动。在社会发展的宏观背景下，个人需要保持敏锐的洞察力和前瞻性的判断力，以便与时俱进、顺应历史潮流。这就要求个人在做出选择时，必须充分考虑历史发展趋势、国家发展大局以及人民群众的根本利益。只有这样，个人才能在时代发展的洪流中立足潮头、展现才华并实现自身价值。这一过程不仅是对个人能力的全面检验，也是对个体在社会主义意识形态中价值定位的生动体现。

在社会主义意识形态中个人价值主体既是该体系的受益者和塑造对象，又是推动其发展的重要力量。为了深入理解和推动社会主义意识形态的持续发展，我们必须从多维度、动态化的视角出发，深入探究个人的定位及其与整个价值体系的互动关系，并充分激发其积极性、主动性和创造性。唯有如此，我们才能共同推动社会主义意识形态不断走向新的高度，为社会的全面进步和发展奠定坚实而有力的思想基础。

（2）社会主义意识形态个人价值主体与同级系统中社会价值主体与集体价值主体的关系

在社会主义意识形态的宏观架构之下，个人价值主体与同级系统中的社会价值主体和集体价值主体之间存在着一种多维度、深层次的动态交互关系。这种复杂而精妙的关系网络，不仅作为社会主义意识形态价值体系中的一个重要理论构件，同时也深刻揭示了社会主义意识形态的内在逻辑和运作机理。

我们需要明确意识到，个人价值构成了整个价值体系的细胞和基础。每一个个体，作为社会构成的基本细胞，其思想品质、道德水准以及个人能力的培育与发展，对于集体进步和社会发展的推动作用是不可忽视的。在此层面上，意识形态的个人价值主体定位和目标是强化个体成长对于整体社会进步所起到的奠基性作用。集体价值，在这一价值体系中担任了关键性的枢纽角色。它不仅是连接个人价值与社会价值的桥梁，更是实现个体价值向社会价值转化的重要通道。由于集体是由众多个体所组成，因此，集体价值的实现离不开每一个个体价值的提升与贡献。与此同时，集体也为个体提供了一个展示自我、实现价值的舞台，使得个体能够在这个舞台上绽放光彩。上述构成社会主义意识形态集体价值主体的目标定位。

社会价值无疑是这个价值体系的顶层设计和终极目标，它深刻体现了社会主义意识形态的核心要义和价值追求。社会价值的实现，是建立在个体价值与集体价值得到充分实现的基础之上，是个体与集体价值的有机统一和高度凝练。当每一个集体和个体都能在实现自身价值的同时，为社会的进步贡献自己的力量，那么，整个社会的文明层次和价值体系必将实现质的飞跃与进步。

值得特别指出的是,这三者之间的关系并非单向或线性的,而是呈现出一种相互影响、相互塑造的复杂网络结构。个体价值的提升,不仅能够推动集体价值和社会价值的实现进程,同时也会得到来自集体价值和社会价值的引导和助力,从而形成良性循环和动态平衡。

在社会主义意识形态的广阔天地中,个人价值主体、社会价值主体以及集体价值主体之间所存在的这种紧密而复杂的互动关系,不仅为社会主义意识形态价值主体体系的构建提供了坚实的理论支撑,同时也为我们深入理解和把握社会主义意识形态的内在规律和运行机制提供了重要的视角和切入点。通过对这种关系的深入研究和实践应用,我们有望为推动社会主义事业的蓬勃发展贡献更多的智慧和力量。

2. 个人价值主体的功能结构及其要素

习近平总书记在党的十九大报告中指出,"人民有信仰,国家有力量,民族有希望"[1]。社会主义意识形态对个人而言,具有显著的价值主体提升功能。这一功能的核心目的在于促进个体的全面发展,从而培养出德智体美劳兼备的优秀人才。

(1) 提升功能的结构及要素

马克思和恩格斯在《共产党宣言》中提出了未来理想社会的基本特性,即"每个人的自由发展是一切人的自由发展的条件"[2],并认为人类社会最终必然会成为"以每一个个人的全面而自由的发展为基本原则的社会形式"[3]。在深入剖析社会主义意识形态对个人价值主体的

---

[1] 习近平. 决胜全面建成小康社会 夺取新时代中国特色社会主义伟大胜利 [N]. 人民日报, 2017-10-19 (3).
[2] 马克思, 恩格斯. 马克思恩格斯选集: 第1卷 [M]. 北京: 人民出版社, 2012: 400-401, 411, 415, 419, 420, 422.
[3] 中共中央马克思恩格斯列宁斯大林著作编译局. 马克思恩格斯全集: 第41卷 [M]. 北京: 人民出版社, 2002: 634.

提升功能时，我们必须探究其内在的结构框架、构成要素以及它们之间的相互关系。社会主义意识形态对个人价值主体的显著提升作用，源于其通过多维度、多要素的融合，全面强化了个体的综合素养。

从结构维度审视，社会主义意识形态的提升作用主要体现在思想政治道德素质和业务素质两大层面。这两大层面相辅相成，共同推动了个人的全面发展。在思想政治道德素质方面，社会主义意识形态通过引导个体深化对马克思主义基本理论的理解与学习，增强了对党的路线方针政策的认同感，以及对国际国内形势的全面认识。这一过程不仅推动了个人思想的解放，更在深层次上塑造了正确的世界观、人生观与价值观。由此，个体的理想信念得以坚定，政治立场更加明确，进而形成稳定的政治观念和态度。同时，在道德规范上，社会主义意识形态也起到了积极的引导作用，帮助个体明确道德标准，恪守社会公德，实现自我约束，从而在行为上展现出崇高的道德品质。

在业务素质层面，社会主义意识形态为个体提供了明确的职业发展方向。它倡导个人技能和知识的运用应致力于推动国家的繁荣与增进人民的福祉，为个体的职业发展规划了清晰的路径，并有效激发了其创新精神和进取心。在这种意识形态的指引下，个体能够更勇敢地迎接工作中的挑战，持续创造新的工作成果，从而为社会主义现代化建设做出积极贡献。

从构成要素的角度来看，社会主义意识形态的提升功能融合了知识理解、思想解放、三观塑造、道德引导以及职业发展等多个要素。这些要素并非独立存在，而是相互交织、相互影响。举例来说，对马克思主义基本理论理解的深化，有助于个体思想的进一步解放和世界观的塑造；而坚定的政治信仰和良好的道德品质的形成，又能为个体在业务领域的发展和创新提供坚实的支撑。社会主义意识形态凭借其独特的结构和要素，成功地提升了个人在思想政治道德和业务两个层面的素质。这一提升不仅使个体在全面建设社会主义现代化国家的新征程中能够担当更加重要的角色，也为其发挥更大的作用奠定了坚实基础。

（2）创造功能的结构及要素

社会主义意识形态对个人价值主体的影响并非仅限于提升作用，更显著地体现在对个体创造功能的激发与强化上。从结构维度审视，社会主义意识形态的创造功能主要由创新意识的激发、创造能力的培养和创新成果的转化推动三个核心部分构成。这三个组成部分层层深入、环环相扣，共同构筑起一个全面而系统的创新促进机制。

在创新意识的激发层面，社会主义意识形态通过广泛传播前沿思想与观念，有效触发了个体的好奇心与探索欲望。这种思想上的引领与启迪，为创新意识的萌芽与发展提供了丰沃的土壤。它鼓励个体勇于挑战传统观念，积极探寻新的认知与方法，从而为创新活动的开启提供了思想指引。

在创造能力的培养方面，社会主义意识形态扮演着举足轻重的角色。它不仅为个体提供科学的思维训练，更在教育、职场等多个领域，借助系统化的理念传授与实践机会，协助个体逐步培养和强化自身的创造能力。这种能力的提升，使得个体在激烈的社会竞争中能够脱颖而出，充分展现其独特的创新实力，进而实现个人价值的最大化。

在创新成果的转化推动环节，社会主义意识形态积极倡导实践精神，推动个体将理论知识与实践活动有机融合。在这一过程中，个体的创造能力得以具体转化为具有实际社会价值的创新成果。与此同时，社会和各单位也给予积极的响应与支持，为个体提供必要的物质和精神激励，共同推动创新成果的顺利产出与广泛应用。

从要素角度分析，创新意识、创造能力和创新成果转化是推动社会主义意识形态创造功能发挥的三个核心要素。它们之间相互影响，共同构成了一个动态且互相支撑的创新循环。创新意识的激发为创造能力的培养提供了必要的思想基础与动力源泉；创造能力的提升则进一步推动了创新成果的转化与实现；而创新成果的转化与应用又反过来验证了创新意识的正确性与创造能力的有效性。社会主义意识形态凭借其独特的结构设计和要素配置，成功地激发并增强了个人价值主体的创造功能。这一功能的全面发挥与实现，不仅有助于促进个体的全面发展与成长，更为社会的进步与繁荣注入了源源不断的创新活力与动力。

(3) 统筹功能的结构及要素

社会主义意识形态对个人价值主体的影响深远且多元化，其中，其统筹功能尤为引人注目。该功能不局限于单一层面，而是横跨组织与凝聚个体力量、协调个体内在素质结构以及和谐人际关系等多个维度，显示出其全面性和深入性。深入探讨其结构层面，我们可以清晰地看到，社会主义意识形态的统筹功能由以下三个核心部分构成：个体与集体的协调、个体自身素质结构的优化，以及个体间人际关系的调和。这三者并非孤立存在，而是紧密交织、互为支撑，共同构筑了社会主义意识形态在个体价值主体上的统筹架构。

在个体与集体的协调环节，社会主义意识形态以其强大的组织和凝聚力量，将原本分散的个体力量有效整合，形成强大的集体合力。它引导个体融入集体，并在其中找到合适的位置，同时妥善处理个体间的相互关系，确保每个个体的力量在集体中得到最大程度的发挥，进而提升整体效能和价值。在此过程中，个体与集体的关系被精细调控，使得集体行动更为有序、富有成效。

关于个体自身素质结构的协调，社会主义意识形态同样发挥着不可或缺的作用。它积极推动个体在德、智、体、美、劳等多方面的均衡发展，并通过有序组合这些素质，构建出既合理又高效的结构。此种统筹协调不仅有助于个体充分释放潜能，更显著提升了个体的综合素养。在这一进程中，社会主义意识形态为培育全面发展的社会主义建设者和接班人奠定了坚实基础。

在调和个体间人际关系方面，社会主义意识形态的作用同样不可小觑。它倡导和谐友善的人际交往，不仅提升了个体的社交价值，也为集体价值和社会价值的提升打下了坚实基础。这种人际关系的和谐使得个体在集体中的贡献得以充分彰显，从而推动集体取得更为卓越的成果。在此过程中，社会主义意识形态为个体间搭建了良好的沟通平台，促进了人际关系的和谐共进。

从要素角度审视，个体与集体的协调、个体自身素质结构的优化以及个体间人际关系的调和，是推动社会主义意识形态统筹功能得以发挥的三个关键要素。具体而言，个体与集体的协调为个体在集体中的定位提供了明确指引；个体自身素质结构的优化则为个体的全面发展奠定了坚实基础；而个体间人际关系的调和则为集体的和谐稳定提供了有力保障。这一功能的全面发挥与实现，不仅能够助力个体的全面发展与成长，更为社会的进步与繁荣提供了持久且深远的影响。

社会主义意识形态个人价值主体集中表现为关键少数主体。意识形态领域的斗争复杂尖锐，境外反华势力、颠覆势力、渗透势力、演变势力蠢蠢欲动。这些势力试图通过各种手段影响国内的思想动态、价值观念和社会稳定，以达到其不可告人的目的。面对这样的挑战，我们更需要团结一切可以团结的力量，特别是那些具有关键作用的少数主体，以维护国家意识形态安全和社会稳定。毛泽东在1938年提出，"如果我们党有一百个至二百个系统地而不是零碎地、实际地而不是空洞地学会了马克思列宁主义的同志，就会大大地提高我们党的战斗力量。"[1] 习近平总书记在2018年《在纪念马克思诞辰200周年大会上的讲话》[2] 中

---

[1] 毛泽东. 毛泽东选集：第2卷[M]. 北京：人民出版社，1991：533.
[2] 习近平. 习近平谈治国理政：第三卷[M]. 北京：外文出版社，2020：48.

重申这一论断。这表明用马克思主义武装全党先进分子是十分重要的。在建设中国式现代化的新征程上，我们必须提高运用马克思主义分析问题和解决问题的能力，在马克思主义指导下继续全面深化改革。只有这样，我们才能如期实现中国式现代化的奋斗目标。在这样的背景下，推进构建人类命运共同体的现实依靠力量显得尤为重要。构建人类命运共同体不仅是应对全球化挑战、推动全球治理体系变革的重要途径，也是团结各国人民、抵御外部势力渗透和颠覆的有力武器。通过构建人类命运共同体，我们可以加强国际合作与交流，推动各国在尊重彼此主权、独立和领土完整的基础上实现共同发展、繁荣和进步。这不仅能够增强各国人民之间的友谊和信任，还能够有效抵御外部势力的渗透和颠覆，维护国家意识形态安全和社会稳定。

因此，要解决好人们对美好生活的需要同不平衡不充分的发展之间这一主要矛盾，我们就必须紧紧地团结人民、依靠人民。通过推动经济、政治、文化和社会等方面的全面发展和进步，我们不仅能够满足人民日益增长的美好生活需要，还能够找到推进构建人类命运共同体的现实优质力量。这样的优质力量将是我们应对意识形态领域斗争、推动全球治理体系变革的重要支撑。

命运共同体对社会主义意识形态个人价值主体而言，具有深远的意义。它不仅提供了一个超越国界和意识形态的共享平台，让个人价值在全球视野中得到更广泛的认同和尊重；更通过强调共同利益和合作共赢，为个人价值的实现提供了更加广阔的空间和可能性。在命运共同体的构建过程中，个人价值主体能够积极参与，共同塑造一个更加和谐、包容和繁荣的世界，从而实现个人价值与社会价值的和谐统一。

三、集体价值主体在社会主义意识形态中的中观传播角色

随着社会阶层结构的深刻变革，各阶层间的经济、文化、价值观差

异日益凸显，导致社会共识逐渐弱化。在此背景下，社会主义核心价值观作为全社会共同的价值追求和行为准则，对于凝聚社会共识、缓解阶层冲突、促进社会和谐具有不可替代的重要作用。因此，我们必须深刻认识到弘扬社会主义核心价值观的紧迫性和重要性，通过加强宣传教育、推动实践养成，让社会主义核心价值观深入人心，成为引领社会风尚、促进社会发展的强大精神力量。正如习近平指出："人类社会发展的历史表明，对一个民族、一个国家来说，最持久、最深层的力量是全社会共同认可的核心价值观。核心价值观，承载着一个民族、一个国家的精神追求，体现着一个社会评判是非曲直的价值标准。"[①] 在社会主义意识形态的传播与构建中，集体价值主体扮演着不可或缺的中观传播角色。它们不仅是社会主义核心价值观的积极传播者，更是这些价值观的实践者和示范者，将抽象的社会主义意识形态转化为具体可行的社会实践活动，使其更加贴近民众生活、深入人心。

（一）社会主义意识形态集体价值主体的含义

社会主义意识形态集体价值主体，特指在社会主义体系内，坚定不移地遵循社会主义意识形态，并通过切实行动以实现集体利益的最大化和持续发展为宗旨的群体。这些群体的核心价值，不仅体现在他们如何利用社会主义意识形态的导向功能来满足新时代背景下集体的多元发展需求，更在于他们如何通过实践活动推动社会主义意识形态在集体内部的广泛传播与深层内化。

深入解析这一概念，我们可以从以下几个层面展开。

一是该主体可视为新时代社会发展需求与社会主义意识形态高度结合的体现。在新的时代背景下，社会对集体的期望逐渐转变为培育德才兼备的社会主义建设者和接班人。这一转变不仅强调集体在专业技能方

---

① 习近平. 习近平谈治国理政：第一卷［M］. 北京：外文出版社，2014：168.

面的进步，更加重视集体成员在思想道德和价值观念上与社会主义意识形态的深度融合。

二是在推动社会主义意识形态与集体深度融合的过程中，实践活动发挥着至关重要的作用，具有不可替代的重要性。这些实践活动不仅加强了集体的凝聚力和向心力，还深化了成员对社会主义意识形态的理解和认同。诸如宣传思想文化工作、集体的日常业务操作以及业余文化活动等，均成为推动社会主义意识形态深入集体每个成员内心，进而转化为共同信仰和行为准则的重要途径。

三是在社会不断进步和变革的大背景下，集体的形态和需求也呈现出动态的特征。这就要求社会主义意识形态集体价值主体需要具备良好的适应能力和灵活性，能够依据不同集体的特性和需求，灵活调整自身的功能及作用方式，以满足集体发展的多样化需求。

四是构建有效的价值关系对于实现社会主义意识形态的集体价值至关重要。只有当社会主义意识形态能够切实贴合集体的实际需求，并推动其持续稳健发展时，这种价值关系才能被视为真正有效。因此，在推进社会主义意识形态建设的过程中，我们必须着重关注实效性，坚决反对形式主义，以确保社会主义意识形态能够在集体中真正发挥引领和指导作用。

（二）社会主义意识形态集体价值主体的定位和功能

在深入探讨社会主义意识形态的集体价值主体时，对其进行准确的定位并明确其功能，对于全面理解和把握社会主义意识形态的整体结构和作用机制具有重要意义。

1. 社会主义意识形态集体价值主体的定位

集体价值主体的定位问题，不仅涉及该主体在整体价值体系中所处的位置，更重要的是，这一定位还直接关系到其功能能否得到充分且有效的发挥。因此，对集体价值主体进行准确的定位是至关重要的，它不仅对理解整个价值体系的结构有重要意义，同时也是确保该主体功能最大化发挥的关键。

(1) 社会主义意识形态集体价值主体在整个意识形态价值主体中的定位

社会主义意识形态集体价值主体的定位不仅直接关系到社会主义意识形态的有效传播，更对其实践效果产生深远影响。具体而言，社会主义意识形态集体价值主体，如企事业单位、社会组织及学校等，构成了连接社会主义意识形态与个人之间的纽带。这些集体不仅承担着将社会主义意识形态的核心价值观念向个体传递的重任，而且通过自身的实践活动，促使这些价值观念在个体中得到内化和实践。在这一过程中，集体价值主体的作用不可或缺，它们既是价值观念的传播者，又是实践活动的组织者和引导者。

从更宏观的角度来看，社会主义意识形态集体价值主体在整个意识形态价值体系中起到了承上启下的关键作用。它们既受到社会主义意识形态整体价值观念的引领，又需要通过自身的实践活动将这些价值观念具体化、现实化。换言之，它们既是社会主义意识形态的接受者，又是其传播者和实践者。这种双重角色使得集体价值主体在社会主义意识形态的传播与实践中发挥着至关重要的作用。

此外，集体价值主体与社会主义意识形态价值主体之间存在着紧密的互动关系。前者通过实践活动不断地将社会主义意识形态的价值观念转化为现实，从而推动其传播与实践；后者则为前者提供了行动指南和价值标准，确保其实践活动的正确性和有效性。这种互动关系对完善社会主义意识形态的理论体系、推动其在实践中的深化和发展具有重要意义。

(2) 社会主义意识形态集体价值主体同意识形态个人价值主体与社会价值主体的关系

在社会主义意识形态的价值体系中，集体价值主体不仅是社会价值主体与个体价值主体之间的桥梁，更是整个价值体系中的核心环节。其特殊性在于，它同时受到社会价值主体的引导和塑造，并对个体价值主体产生深远影响。

就集体价值主体与社会价值主体的关系而言，前者明显受到后者的规范与影响。社会价值主体所设定的目标和内容，为集体价值主体提供了明确的方向和基本框架，从而直接决定了集体价值的目标和内容设定。换言之，社会价值的目标为集体价值发展指明了总方向，使得集体在确定自身价值追求时必须与社会价值目标保持一致。同时，社会价值的内容也深刻作用于集体价值的内容构建，集体在确立自身价值内容时，往往需要依据社会价值内容的规范，并结合自身的实际情况进行具体制定，因此集体价值的内容在很大程度上反映了社会价值的理念和要求。此外，社会价值体系的运行状态直接影响着集体价值的实现。当社会价值体系运行平稳且有序时，将为集体价值的顺利实现提供有力的外部支持。反之，若社会价值体系运行不畅或出现问题，则可能成为阻碍集体价值实现的重要因素。

在集体价值主体与个体价值主体的关系中，集体价值主体对个体价值主体产生显著影响。由于集体价值是由多个个体价值共同汇聚而成，所以集体价值的发展动态直接关系到每一个个体价值的实现情况。具体而言，集体价值的发展速度会直接影响到个体价值的发展进度。当集体价值处于快速发展阶段时，将有效带动个体价值的迅速提升。相反，若集体价值发展缓慢甚至停滞不前，则个体价值的发展也会受到相应的制约。同时，集体价值的实现程度对个体价值的实现也具有重要影响。当集体价值得到充分实现时，将为个体价值的实现创造更为有利的外部条件，从而提升其实现的可能性和程度。反之，若集体价值实现受阻或未能得到充分展现，则可能干扰到个体价值的正常实现过程，降低其实现的程度和质量。

集体价值主体既是社会价值主体的延伸和体现，又是个体价值主体发展的重要依托。因此，深入探究社会主义意识形态中集体价值主体的地位及其与社会价值主体和个体价值主体的相互关系，对我们全面把握社会主义意识形态的内在逻辑和结构特征具有十分重要的理论意义和实践价值。

2. 集体价值主体的功能结构及其要素

在社会主义意识形态中，集体价值主体不仅是一个重要的组成部分，还发挥着至关重要的功能。

（1）汇聚功能的结构及要素

集体价值主体的汇聚功能展现为一个多维度、深层次的结构体系。该体系涉及多个关键要素及其相互之间的复杂关系，这些要素协同作用，共同提升集体的凝聚力和行动力。对这一功能的深入剖析，不仅有助于我们更全面、深刻地理解集体行动的内在逻辑与动力机制，同时也为推动集体的和谐、稳健发展提供了重要的理论和实践指导。

从功能结构上审视，汇聚功能主要由三个核心环节有机组成：目标设定、人心凝聚和行动力转化。这三个环节在逻辑上相互衔接，在实际操作中互为支撑，共同形成了一个完整且高效的功能链条。

目标设定是汇聚功能的逻辑起点。在社会主义意识形态的引领下，集体能够确立清晰、明确且具有前瞻性的奋斗目标。这些目标不仅紧密契合社会发展的整体趋势和要求，还充分考量了集体成员的实际状况与能力水平，从而确保了目标的科学性和实施的可行性。更为重要的是，这些目标与集体成员的根本利益息息相关，使得每一位成员都能深刻领悟到自己在集体目标实现过程中的不可或缺性及其肩负的责任。

人心凝聚是汇聚功能中的关键环节。在共同的价值理念和行动准则的引导下，集体能够有效地将成员团结在一起，形成思想上的共鸣和行动上的协同。通过深入关心和积极扶持成员，切实解决他们在思想、生活和工作等各层面遭遇的困难和挑战，集体为成员营造了一个良好的成长与发展环境。这不仅有助于进一步巩固和提升集体的凝聚力和向心力，更为集体的长远发展奠定了坚实的基础。

行动力转化则构成汇聚功能的实践落脚点。在明确的目标导向和强大的凝聚力驱动下，集体成员能够以更加饱满的热情和积极的态度投身于集体的各项事务之中。他们的创造力和潜能得到了充分的激发和释放，汇聚成为推动集体不断前行的强大动力。

社会主义意识形态下集体价值主体的汇聚功能，是一个以目标设定、人心凝聚和行动力转化为核心环节的结构体系。这三个环节相互交织、互为促进，共同构筑了汇聚功能的完整框架。在实践过程中，我们应当深刻认识到这一功能的重要性，通过不断优化和完善各环节的运作机制，持续提升集体的凝聚力和行动力，从而推动集体实现持续、健康的发展。

（2）培育功能的结构及要素

集体价值主体不仅承载着共同的价值追求与目标，而且在此基础之上发展出其独特的培育功能。这一功能依托于一个系统化的结构和多元化的构成要素，通过开展多样化的宣传思想文化活动和业务实训活动，力求全面提升集体成员的综合素质，并进一步塑造和巩固集体的整体社会形象。

从功能的结构层面剖析，培育功能主要由两大核心组件构成：宣传思想文化工作体系和业务实训活动体系。这两大组件相辅相成，共同搭建起培育功能的稳固框架。宣传思想文化工作体系是培育功能发挥作用的基础，其核心在于传递社会主义核心价值观，引导集体成员形成正确的世界观、人生观与价值观。而多样化的业务实训活动体系则为集体成员提供了实践操作的平台，使他们在亲身参与的过程中磨砺个人品质，实现能力的提升。两大核心组件发挥培育功能，致力于全面提升集体成员的综合素质。

在要素层面,培育功能则涵盖了理想信念的塑造、文化氛围的营造、思想政治道德素质的提升,以及领导和业务能力的培养等诸多关键要素。这些要素之间相互交织、相互影响,共同推动集体成员的成长与发展。举例来说,通过深入开展思想政治教育和党团活动,集体得以持续塑造并强化成员的理想信念,进而营造出一种积极向上、奋发有为的文化氛围。这种文化氛围对集体成员的精神世界产生深远影响,进一步激发他们的内在动力,促使其主动提升自身在思想政治素质、道德品质、领导能力及业务技能等各方面的素养。

此外,培育功能在塑造集体良好形象方面也发挥着举足轻重的作用。一个拥有良好社会形象的集体,不仅能够显著增强成员的凝聚力和归属感,还能有效提升集体的社会知名度与影响力,为其长远发展创造更为优越的社会环境。这种积极正面的集体形象,实质上是集体成员高素质表现和集体综合实力的一种外在体现,同时也是集体在社会各界中赢得广泛认可与赞誉的重要标志。社会主义意识形态下集体价值主体成功塑造集体的良好社会形象。这一功能的充分发挥,不仅为集体的持续稳健发展提供了坚实的人才保障,同时也为社会的进步与繁荣做出了积极贡献。

(3)协同功能的结构及要素

在社会主义意识形态的框架内,集体价值主体不仅凝聚了共同的价值追求与目标,更凸显出其独特的协同功能。该功能以特定的结构和要素为基础,通过调节集体内部成员间的相互关系,旨在保障集体的稳定运作与高效发展。

从结构层面来看,协同功能的核心构成包括思想政治教育体系、人岗匹配机制以及利益均衡与调整策略。这三者相互关联,共同支撑着协同功能的实现。其中,思想政治教育体系通过传递社会主义核心价值观,促进成员间的相互理解、信任与合作，为集体的和谐共处和共同行动提供思想保障。人岗匹配机制则是协同功能的关键环节，它通过科学的岗位分配与人才利用策略，确保每个成员都能在适合自己的岗位上发挥最大效能，实现集体效能的最大化。而利益均衡与调整策略则是协同功能的重要保障，它通过公平合理的利益分配与制度安排，平衡集体利益与个体利益，激发成员的工作热情与创新能力，推动集体的持续健康发展。

在要素方面，协同功能主要涵盖了成员间的协调与和谐共处、人与工作岗位的匹配以及利益的均衡与调整等关键要素。这些要素相互作用，共同影响着协同功能的效果。例如，成员间的协调与和谐共处是协同功能的基础要素，它通过思想政治教育等实践活动得以实现，为集体的稳定运作提供了前提。人与工作岗位的匹配则是协同功能的关键要素，它要求根据个体的能力与专长进行岗位分配，实现了人岗相适、才尽其用的理想状态。而利益的均衡与调整则是协同功能的重要保障要素，它通过公平合理的利益分配机制与制度安排，确保了集体利益与个体利益的平衡与协调。社会主义意识形态下集体价值主体的协同功能通过全面协调与平衡集体内部的各类关系与利益诉求，确保了集体的稳定运作与高效发展。这一功能的充分发挥，不仅提高了集体的整体效能和竞争力，更为社会的和谐与进步做出了积极贡献。

四、社会价值主体在社会主义意识形态中的宏观引领作用

社会价值主体通过宣传、教育、引导等多种方式，推动社会主义意识形态的深入人心，使之成为人们共同的价值追求和行为准则。同时，他们还通过自身的实际行动，践行社会主义核心价值观，为社会的和谐稳定、繁荣发展做出积极贡献。

（一）社会主义意识形态社会价值主体的含义

社会主义意识形态社会价值主体是指在社会主义社会中，通过实践社会主义意识形态，积极推动社会价值观念的形成、传播和实践，从而促进社会进步和发展的主体。这个主体不仅认同和践行社会主义核心价值观，还通过自身的实践活动，将这种价值观念转化为推动社会发展的强大动力。

1. 社会主义意识形态社会价值的主体变化

在深入探索社会主义意识形态社会价值的过程中，我们必须充分认识到社会动态演进的本质特征。社会的发展与进步是一个持续且多变的过程，其步伐与需求的变化是不断调整和演进的，这种变化受到时间推移和社会主要矛盾转换的深刻影响。这种社会变迁对社会主义意识形态社会价值主体的需求产生了深远且直接的影响。社会主义意识形态，作为一种基于价值观构建的理论系统，其社会价值的核心在于其能否有效地响应和符合社会发展的需求变化。

从历史的角度来看，中国社会阶层结构的变迁可以大致划分为三个阶段。第一阶段是1949年新中国成立至1956年社会主义制度的确立期间，我国社会结构经历了从"四个革命阶级"（工人阶级、农民阶级、民族资产阶级和小资产阶级）向"两大基本阶级"（工人阶级和农民阶级）的重大转变。第二阶段在1957年到20世纪80年代初，社会分层发生了显著变化，身份差异逐渐替代了阶级差异，成为新的社会分层标准。城市居民与农村居民之间形成了明显的二元结构。第三阶段始于改革开放，至今仍在持续。在这一阶段，我国社会分层呈现出更为复杂多元的特征。传统工人、农民、知识分子阶层内部发生了深刻变革，传统的身份界限逐渐变得模糊。[1] 随着我国进入新的历史时期，人民日益增长的美好生活需要和不平衡不充分的发展之间的矛盾已经成为主要的社

---

[1] 于波. 我国主流意识形态建设的机理探究：基于阶层分化的背景[J]. 江西理工大学学报，2020，41（2）：13-18.

会矛盾。在这一时代背景下，社会的需求也转变为全面深化改革，以全面建成小康社会为目标，并致力于提升国家的综合实力和人民群众的生活水平，最终实现中华民族伟大复兴。

与此同时，社会主义意识形态的社会价值也应随之调整，以满足这些新兴的社会需求为己任。通过培养和塑造全面发展的人才，推动社会的全面、协调和可持续发展。这一过程中，社会主义意识形态需要保持高度的敏锐性和适应性，不断调整和完善自身，以更好地满足社会的多样化需求，实现其社会价值。这种调整和完善不仅是必要的，而且是至关重要的，因为它关系到社会主义意识形态能否在新的历史时期继续发挥其引领和凝聚作用，推动社会的持续进步和发展。

2. 实践是连接社会主义意识形态社会价值主客体的纽带

实践，作为连接社会价值主体与价值客体（社会主义意识形态）的关键环节，重要性不言而喻。缺乏实践活动的介入，社会主义意识形态的社会价值将无法有效实现。社会主义意识形态作为一种以价值观念为核心的理论体系，其社会价值主要体现在对社会发展的引导和推动上。但这种价值的实现并非自发的，而是需要通过实践活动将理论转化为实际行动，从而满足社会发展的需求，展现出其应有的社会价值。

实践活动的形式丰富多样，涵盖了思想教育、经济建设、政治活动以及文化创造等多个领域。这些实践活动不仅为社会主义意识形态社会价值的实现提供了途径，同时也是检验其价值真实性和有效性的关键标准。值得一提的是，思想政治教育在这些实践活动中占据了举足轻重的地位。通过系统且有针对性的教育和引导，思想政治教育能够促进社会成员对社会主义意识形态的认同与接纳，进而将其转化为推动社会进步的强大动力。

需要强调的是，一旦脱离了实践活动，尤其是思想政治教育这一关键实践环节，社会主义意识形态的社会价值主体与客体之间的联系将变得脆弱甚至断裂。缺乏实践活动的支撑和桥梁作用，社会主义意识形态便难以从理论层面跃升到推动社会发展的实际行动层面。因此，我们必须深刻认识到实践活动在社会主义意识形态社会价值实现过程中的不可或缺性，并通过不断加强和完善思想政治教育等实践活动，推动社会主义意识形态的社会价值得到更加全面和深入的实现。

（二）社会主义意识形态社会价值主体的定位和功能

在探讨社会主义意识形态的社会价值时，明确其价值主体的定位是至关重要的。这一定位不仅关乎我们对社会主义意识形态社会价值的深入理解，更影响着其功能的发挥与实践效果。

1. 社会主义意识形态社会价值主体的定位

社会主义意识形态社会价值主体的定位主要是确定这一意识形态在整个社会价值体系中所处的核心位置和扮演的关键角色，明确社会主义意识形态是如何在社会中发挥作用，以及它对于社会价值创造和引领的重要性。这可以从以下两方面进行探讨。

（1）社会主义意识形态社会价值主体在整个意识形态价值主体中的定位

在社会主义意识形态的复杂价值主体网络中，社会价值主体与个体价值主体、集体价值主体等多元主体共同构建了一个丰富而多层的价值体系。在这个体系中，社会价值主体发挥着显著的引领与示范作用。它不仅深刻反映了社会主义社会的核心价值取向，同时也为广大社会成员提供了明确的价值导向与行动规范。

进一步来说，社会价值主体在社会主义意识形态中的具体定位可以从以下几个层面进行解读：其一，作为社会主义核心价值观的积极实践者与广泛传播者，它们通过切实的行动来深入诠释和推广社会主义的核心价值观念；其二，它们也是社会主义意识形态建设的关键参与者和有力推动者，积极参与到意识形态的创新与完善过程中，为社会主义意识形态的不断发展贡献着重要力量；其三，社会价值主体还扮演着社会主义和谐社会建设的重要引领者角色，通过大力弘扬社会主义核心价值观，有效促进社会成员间的和谐共处，进而推动社会的全面协调与可持续发展。社会主义意识形态中的社会价值主体在整个意识形态价值主体中的定位不仅充分展现了社会主义意识形态的内在统一性与系统性，同时也为我们全面理解和深入把握社会主义意识形态提供了重要的理论视角与分析思路。

（2）社会主义意识形态社会价值主体在二级系统中的定位

在社会主义意识形态的二级系统中，社会价值主体与集体价值主体、个体价值主体共同构建了一个紧密交织、互为影响的价值网络。这一网络中，社会价值主体占据着举足轻重的地位，对集体价值和个体价值的发展方向起着至关重要的指导和约束作用。

社会价值主体通过积极塑造和传播社会主义核心价值观，为集体和个体提供了清晰明确的价值指引和行为规范。这种指引不仅有助于集体和个体树立正确的价值观，还深刻地影响着他们的行为模式和发展路径。因此，社会价值主体在二级系统中的角色可被视为引领者和主导者，对集体价值和个体价值产生着重要的调控和影响。

但集体价值和个体价值并非完全被动地接受社会价值主体的影响。作为社会价值体系的有机组成部分，它们同样具有独特的自主性和反作用能力。集体和个体价值观的发展状况会直接影响社会价值主体的稳固性和影响力。举例来说，当集体或个体积极践行社会主义核心价值观时，将显著提升社会价值主体的凝聚力和社会影响力；相反，如果集体或个体出现价值观的扭曲或行为上的失范，将对社会价值主体产生不良影响。社会价值主体在社会主义意识形态二级系统中的定位是主导且引领的，与集体价值和个体价值之间存在着紧密的相互作用关系。这种定位不仅确保了社会主义意识形态的连贯性和和谐性，同时也为集体和个体的全面发展提供了坚实的价值基石和明确的方向指引。

2. 社会价值主体的功能结构及其要素

研究社会主义意识形态社会价值主体的功能，目的在于充分发挥其效能，从而强化社会主义意识形态的实践指导作用，为社会培育出更多全面发展的现代化建设人才。社会主义意识形态社会价值主体的功能主要体现在以下三方面。

（1）指引功能的结构及要素

社会主义意识形态社会价值主体的指引功能，作为其核心功能的重要组成部分，为全体社会成员提供了清晰的方向标和行动指南，从而汇聚起实现特定社会理想的磅礴力量。该功能在结构与要素上呈现出紧密的逻辑关联，共同为指引功能的稳固与高效运作提供支撑。

指引功能主要由两大支柱性组成部分——政治导向与业务导向所构成。政治导向在指引功能中扮演着基石性的角色，它通过系统的理论教育以及思想观念的不断更新与提升，有力地协助人们构筑起坚实的理想信念，并确立明确的奋斗目标。这一导向机制的关键在于确保广大人民群众在思想和行动上始终与建设中国特色社会主义现代化强国的总体目标保持高度一致，从而确保整个社会能够沿着既定的正确道路稳步前行。

业务导向则是指引功能的重要补充和延伸，它通过精心培育和塑造符合时代要求的人生观、价值观，有效激发人们积极学习专业知识、深入掌握先进科学技术的热情，进而引领人们不断锤炼和提升自身的专业技能。这样一来，社会成员便能在各自的业务领域中以更加专业的素养和能力，为国家的持续发展和繁荣贡献出更多的物质与精神财富。

在要素层面，指引功能则涵盖了理想信念的树立、奋斗目标的明确、专业知识的学习以及专业技能的提升等诸多关键要素。这些要素之间不仅存在着紧密的内在联系，而且相互促进、共同发展，从而构建起了指引功能的完整框架体系。举例来说，通过帮助人们树立坚定的理想信念和设定清晰的奋斗目标，能够为社会成员提供持续不断的内在驱动力和奋斗激情；而这些又将进一步促使人们更加积极地投身于专业知识的学习和专业技能的提升当中，实现个人的全面发展和社会的整体进步。社会主义意识形态社会价值主体的指引功能，实际上是一个由政治导向与业务导向相互交织、共同作用的结构体系。它通过有效整合和利用多个关键要素，为社会成员提供了明确的前进方向和奋斗目标，进而引领着全体人民为实现中华民族伟大复兴的中国梦而共同努力。这一功能的全面发挥和不断优化，无疑将对推动整个社会的持续、健康和全面发展产生深远而积极的影响。

（2）促进功能的结构及要素

促进功能指的是在推动社会进步与发展进程中，该主体所起到的积极推动作用。这一功能的实现，根植于其特有的结构框架及关键要素间的相互协同作用。

促进功能主要体现在宏观社会发展方向的引导和微观集体个人驱动力的激发两方面。在宏观层面，社会主义意识形态社会价值主体通过广泛传播社会主义核心价值观，为社会确立了明晰的发展目标和方向指引。这种方向性的引导，保障了社会各项事业能够稳定且持续地沿着正确的轨道发展，进而为推动中华民族伟大复兴的中国梦的实现提供助力。在微观层面，该主体协助集体和个人深化认识，理解将个人理想与国家、民族命运紧密相连的必要性，以此顺应时代发展的趋势。这样一来，在实现社会价值的同时，也能促进集体价值和个体价值的达成。

在要素方面，促进功能包含了核心价值观的传播、社会发展目标的设定以及集体个人驱动力的激发等核心组成部分。这些要素之间相互依赖、相互促进，共同构建了促进功能的完整架构。举例来说，核心价值观的广泛传播为社会发展目标的明确凝聚了共识，而明确的社会发展目标又为集体和个人指明了奋斗的方向。与此同时，通过有效激发集体和个人的内在驱动力,社会主义意识形态社会价值主体能够促使社会各方积极参与实现社会价值的行动,从而推动社会的全面进步与发展。

社会主义意识形态社会价值主体的促进功能是一个融合了宏观和微观两个层面的结构化体系。它通过整合与传播核心价值观、明确社会发展目标以及激发集体和个人的积极性等关键要素,为社会进步与发展提供了坚实的支撑和推动力。这一功能的全面发挥,对于推动社会的全面协调可持续发展具有深远的意义。

社会主义意识形态的社会价值主体的典型代表是人类命运共同体主体,它具有宏观引领作用。在推进构建人类命运共同体的宏大战略指引下,我们不仅需要实干精神,更需要坚持不懈的苦干精神,以探寻可信赖的依靠力量,并开辟出切实可行的现实道路。

意识形态价值主体的结构中主干力量是人民。在当今时代,社会阶层多样化,劳动分工精细化,全世界各阶层人民大团结面临新的时代背景、特征和主题。在当今时代,人民中的绝大多数是中产阶层的人们。很多的人不再是传统意义上的无产阶级了,他们是一群有着崇高的共产主义理想追求,有着共同兴趣爱好的,沿着实现共产主义的光辉大道奋勇前行的劳动者。他们相信人类能够逐步消灭剥削,消除两极分化,解放和发展生产力。世界人民应该有获得感、满足感、幸福感,应该有比较优势。就是说在整体上,在全世界范围内,他们较同时期的其他人具有更明显的成长进步。正如马克思在《1844年经济学哲学手稿》中指出:"从生产关系本质看,劳动者承载着推动生产力解放的历史使命。"

在深入探讨构建人类命运共同体的过程中,我们必须认识到,人类命运共同体超越狭隘的利益共同体范畴,但包含寻求共同利益的基础性诉求。为了有效推进人类命运共同体的构建,我们需要探寻并依托现实的力量。这种力量的来源具有多样性,既可能源于个体自身的努力,也可能依赖于特定的派系或外部力量的支持。然而,这些力量来源并非绝对的，亦非排他的。具体而言，每个个体都具备潜在的推动力量，但并非每个个体都能成为主导的责任主体。换言之，我们不能简单地将每个个体视为同等程度的依赖对象，因为他们在力量贡献和责任承担方面可能存在显著差异。因此，在寻求和依托力量时，我们需要审慎地评估每个个体的潜力和局限性，以确保人类命运共同体的构建能够建立在稳固和可持续的基础之上。很明显构建人类命运共同体有积极的支持力量，也有消极的阻挠力量。这样一项伟大的壮举不是一蹴而就、一帆风顺的。推动这项事业，处于新时代的当代中国立足当下，率先垂范。当代中国为世界的和平与发展提出中国方案，中国经验，中国做法。当代中国谋求建设国家和民族的命运共同体。当然国家命运共同体和世界人类命运共同体是互动的。构建国内的命运共同体依靠的是全国人民，依靠的是社会主义核心价值观，依靠的是理想信念和中国精神。国内一盘棋和国外一盘棋既有区别，又密切联系。通过网络、科技、经济、外交，两盘棋联系日益紧密，这是我们面临的时代局面。中国面临着"世界百年未有之大变局"和"中华民族伟大复兴战略全局"两个大局，这两个大局具有密切联系。面对"两个大局"，以习近平同志为核心的党中央提出推动构建人类命运共同体，这是同呼吸，共命运的战略共同体，是互帮互助的命运共同体，是彼此成就的命运共同体，是创造价值的命运共同体。自身就是力量源泉，就是主体力量。

（3）贯通疏导功能的结构及要素

在社会主义意识形态体系中，社会价值主体功能的多元化与深层性显得尤为重要。特别是其中的贯通疏导功能，它不仅关乎社会稳定的大局，更是推动社会和谐发展的关键力量。

贯通疏导功能的精髓，集中体现在"贯通"与"疏导"两大核心层面。所谓"贯通"，是指借助高效的信息传递与深入的交流互动，使得社会主义核心价值观能够深刻烙印在人们心中，进而成为社会各界共同的信仰与追求。为实现这一目标,强有力的宣传策略与丰富多彩的文化表达形式至关重要,它们共同确保了意识形态的广泛传播与深远影响。而"疏导"则意味着,在面对社会纷争与问题时,能够借助合理、有效的途径与方法进行及时引导与妥善解决,从而避免矛盾的升级与恶化。

为了充分发挥贯通疏导功能,我们必须对其结构要素进行细致入微的剖析。价值观的广泛传播与深入人心无疑是这一功能的基石。通过多种教育途径与媒体渠道的共同作用,我们可以将社会主义核心价值观广泛播撒于社会各界,使其在民众心中生根发芽,为贯通疏导功能的实现奠定坚实基础。同时,建立一个高效、畅通的沟通机制同样至关重要。这包括构建一个能够迅速反馈社会动态与民众意愿的信息系统,以及一个能够容纳多元声音、促进各方对话的交流平台。

文化载体的持续创新与灵活运用,也是提升贯通疏导功能不可或缺的一环。随着科技的日新月异,新媒体已然成为意识形态传播的前沿阵地。借助互联网、移动应用等现代信息技术手段,我们能够更加高效、精准地将社会主义意识形态传递给广大民众,特别是年青一代。这不仅有助于增强传播的时效性与针对性,还能够大幅提升传播的互动性与趣味性,从而进一步巩固和拓展社会主义意识形态的影响力与感召力。

当然,在推进贯通疏导功能的过程中,对社会矛盾与冲突的预防与化解同样不容忽视。建立健全的社会矛盾预警与调解体系,是维护社会稳定、促进社会和谐的重要保障。这要求我们在问题出现之前就能够敏锐地捕捉到潜在的矛盾苗头,通过细致入微的工作及时予以化解。同时,在问题爆发时能够迅速作出反应,采取有效措施进行妥善处置,从而确保社会的持续稳定与和谐发展。

贯通疏导功能在社会主义意识形态社会价值主体中占据着举足轻重的地位。通过对其结构与要素的深入剖析,我们可以更加清晰地认识到:要实现这一功能的最大化发挥,不仅需要价值观的广泛传播与深入人心、高效的沟通机制与多元的交流平台，还需要文化载体的持续创新与灵活运用，以及对社会矛盾与冲突的敏锐洞察与妥善处置。这些要素之间相互依存、相互促进，共同构成了社会主义意识形态中贯通疏导功能的完整框架与运行逻辑。在未来的实践中，我们应当不断探索与创新，以更加完善的贯通疏导功能服务于社会主义现代化建设的伟大事业。

五、三大主体的相互关系

在社会主义意识形态的框架内，社会价值主体、集体价值主体与个体价值主体之间的关系构成了一个多维且紧密联系的网络。这三大主体不是孤立存在的单元，而是在中国式现代化的历史洪流中，以相互依存、相互促进的方式，共同担当着推动社会主义价值实现与发展的重要角色。

（一）三大主体在价值实现层面呈现出显著的互补性

社会价值主体在宏观层面为整个社会确立了核心的价值导向和道德规范，这些总体的价值导向犹如社会发展的指南针，为整个社会提供了清晰的价值参考系。在这个坐标系的指引下，集体价值主体将这些宏观的价值理念进一步具体化和细化，转化为具有可操作性的集体行为准则。这一过程不仅使得社会价值更加贴近集体生活的实际，而且为集体成员提供了明确的行为导向。最终，个体价值主体通过自身的实践活动，将这些价值理念转化为现实的社会行动，从而完成了价值的落地与具体化。这种从社会到集体再到个体的价值连贯传递与转化，构成了一条清晰的价值传导链，有力地保障了社会主义价值在不同层面上的全面实现。

（二）三大主体之间存在着显著的互动性

在社会主义意识形态的框架内，社会价值主体、集体价值主体与个体价值主体之间存在着一种显著的互动性，这种互动性深刻地影响着社会主义价值体系的动态演变和持续发展。

社会价值主体的演变对于集体和个体的价值理解与追求具有直接的影响。当社会价值主体发生变革时，其内在的价值导向和道德规范也会随之调整，这种变化不可避免地会引发集体和个体对于既有价值观念的重新思考和定位。在这一过程中，集体和个体会根据社会价值主体的新导向，相应地调整自身的价值观念和行为准则，从而确保自身与社会主流价值的契合。这种调整不仅推动了整个价值体系的动态更新，也保障了社会主义意识形态的时代性和前瞻性。

与此同时，集体价值主体在实践中的创新和发展对社会价值主体也产生了积极的反馈作用。集体作为社会实践的重要载体，其在实践中的经验总结和理论创新，不仅验证了社会价值的可行性和有效性，也为社会价值主体的进一步完善提供了宝贵的实践依据和理论支撑。这种反馈作用有助于社会价值主体不断修正和完善自身的理论体系，从而更好地指导社会实践的发展。

个体价值主体则以其丰富多彩的实践活动，为社会价值体系和集体价值主体注入了新的活力和创新元素。个体作为社会实践的最小单元，其每一次实践都是对社会价值和集体价值的一次具体验证和创新尝试。通过这种实践，个体不仅能够亲身感受到社会价值和集体价值的正确性，还能在实践中发现新的问题，提出新的观点，从而为整个价值体系注入新的思考和创新动力。社会价值主体、集体价值主体与个体价值主体之间的互动性，是社会主义价值体系能够保持与时俱进，不断适应社会发展新需求的重要机制。这种互动性确保了社会主义意识形态的鲜活性和生命力，也为社会的和谐与进步提供了坚实的价值基础。

（三）三大主体在意识形态演进过程中呈现出共同进化的趋势

社会价值主体的逐步完善需要集体和个体的积极参与和实质性贡献。只有通过集体和个体的实践检验，社会价值才能不断得到修正和完善,更好地指导社会发展。集体价值主体的发展则离不开社会价值主体的宏观引领,以及个体价值主体的具体实践。社会价值主体为集体价值主体提供了发展的方向和目标,个体价值主体的自我实现则在社会和集体的共同支持和培育下得以完成。社会和集体为个体提供了广阔的发展空间和丰富的资源支持,使得个体能够充分发挥其潜能和创造力,实现自我价值。这种共同进化的过程不仅推动了社会主义意识形态的丰富和发展,也促进了社会的和谐与进步,形成了一种良性的互动循环。

在社会主义意识形态的框架内,社会价值主体、集体价值主体与个体价值主体之间的关系是相互依存、相互促进的。它们在价值实现层面呈现出显著的互补性,通过互动与共同进化,共同推动着社会主义价值的全面实现与发展。这一多维且紧密关联的网络体系不仅为社会主义意识形态的演进提供了坚实的支撑,也为社会的和谐与进步注入了强大的动力。

当我们深入探讨社会主义意识形态的价值主体结构时,不可避免地会触及其三大核心要素:个人、集体与社会。这三大价值主体在社会主义意识形态的形成、推广和实践过程中,均扮演着举足轻重的角色,并通过相互间的紧密关联与动态交互,共同构建了社会主义意识形态的深厚基础。个人、集体和社会在社会主义意识形态价值主体结构中各具特色、相互依存,并共同推动着社会主义意识形态的持续演变和进步。在中国式现代化的大背景下,深入研究和理解这三大主体的角色定位及其功能发挥,对于加强社会主义意识形态建设、推动社会主义现代化事业的稳定发展具有深远的理论和实践意义。这不仅有助于我们更全面地把握社会主义意识形态的丰富内涵,也为我们在新时代背景下坚持和发展社会主义意识形态提供了重要的思想启迪和实践指导。

第三章

社会主义意识形态价值的客体结构

社会主义意识形态价值客体是被价值主体意识到了的意识形态对象性存在，包括自然存在物、社会存在物和思维存在物。当代中国特色社会主义意识形态遵循意识形态的一般生成规律和我国社会主义意识形态的生成规律而蓬勃发展。笔者认为，当代中国特色社会主义意识形态价值客体的生成规律可概括为社会主义的意识形态体系和意识形态碎片的辩证统一。下面将从意识形态体系和意识形态碎片的辩证统一规律的角度剖析我国社会主义意识形态价值客体的内在结构。

一、价值客体结构的基点

在一定意义上，社会主义意识形态价值客体结构即社会主义意识形态体系和社会主义意识形态碎片两者的排列组合的方式和形式。在这里，笔者首次提出时代对社会主义意识形态"体系"的现实需要和对社会主义意识形态"碎片"的现实需要。也可以说，意识形态体系与意识形态碎片的辩证统一构成当代中国特色社会主义意识形态价值客体的生成规律。要阐明意识形态体系和意识形态碎片这对概念，又先要介绍清楚"体系"和"碎片"两个名词概念。

（一）体系与碎片

这里尝试提出"体系"与"碎片"的概念。什么是体系，什么是碎片？体系是指若干事物或某些意识互相关联而构成的有机整体。自然科学和社会科学中存在很多经典的科学体系，比如，牛顿力学体系，中国特色社会主义理论体系。这里不再赘述"体系"的相关内容，重点论述"碎片"。笔者所讲的"碎片"是整体视域下零星、破碎的部分，是熵增的结果。众所周知，化学中的原子是稳定的、封闭的、孤立的存在。"碎片"不同于原子，它是灵活的、开放的、包容的存在。"碎片"与作为整体的"体系"相对应而存在。和体系一样，它往往也具有象征意义。碎片化①是社会发展到一定阶段必然出现的状态和趋势。当今时代，阅读是碎片化的，学习是碎片化的，短视频是碎片化的，业务是碎片化的。碎片化存在是人的存在方式之一，是人的一种生命状态。本书后文多处使用"体系"和"碎片"的概念，其基本理念是这里所论述的。当然，笔者结合具体章节需要来具体运用"体系"和"碎片"的概念。

体系和碎片的关系非常密切，它们相互借鉴、相互渗透、相互促进。两者都通过特定的象征体系和符号体系以现实化、实物化的方式呈现出来。在大陆和大洋的过渡地带往往散布着诸多岛屿，这称作"大陆及其附属岛屿"。这里的"大陆"就可看作一个"体系"，"附属岛屿"就可看作一个"碎片"。两者以"及其"的方式辩证统一在一起，共同构成一个地域。这个地域往往是一个国家或民族生存繁衍的地理基础，这个地域也就被赋予了政治意义、历史意义和文化意义。航空母舰及其舰载机是当今社会最强大的海军实力，它充分佐证体系与碎片的辩

---

① "碎片化"，本意为完整的东西破成诸多碎块的过程或趋势。有研究表明，当一个社会的人均收入在1000~3000美元时，这个社会便处在由传统社会向现代社会转型的过渡期，而这个过渡期的一个基本特征就是社会的"碎片化"：传统的社会关系、市场结构及社会观念的整一性——从精神家园到信用体系，从话语方式到消费模式——瓦解了，代之以一个一个利益族群和"文化部落"的差异化诉求及社会成分的碎片化分割。（引自百度百科碎片化）

证统一是事物的现实存在方式。项链由一颗一颗的珍珠和串联珍珠的绳索有机组成，项链也可以充分佐证体系与碎片的辩证统一是具有象征意义的美好事物的有效的呈现方式。类似的实例不胜枚举。在一定意义上，体系与碎片是事物的平等并列的存在方式。

在一定条件下，碎片需要体系化。自然界的万事万物一般是以熵增的方式存在的，同时也存在很多"负熵"的生命体。生命体就体现了杂乱无序的"碎片"逐渐"体系化"的需求或者过程。人是智慧的生物，为了认识、掌握和改造万事万物，人需要抽象、概括、分析、总结各种事物的概念、命题、推理，这在根本上决定了人需要把杂乱无章的"碎片"体系化。人需要把碎片规范为体系。一切的需要都是人的需要，都是人提出来的，是为人服务的。

在一定条件下，体系也需要碎片化。高等级、生命力持久、复杂的事物一般以某种体系的方式存在着。这样的事物为了融入世界、融入他者，往往需要碎片化。就是说事物需要有维持自身持续存续发展的物质、能量、信息，需要一定的资源、条件和环境。这些因素在动态流转和现实存在方式上往往是碎片化的流程和方式。体系的碎片化有两个方向，一是体系的低级别的碎片化，即碎片从属于体系。二是体系的高级别的碎片化，即体系从属于碎片，要提炼为高级别的碎片。[1]

体系和碎片是辩证转化的关系。在一定条件下，碎片通过系统化建构，形成某种体系；体系通过解构产生低等级碎片，体系通过抽象建构，形成高等级碎片。从逻辑上讲，体系可与平等等级的碎片并列存在。这种情况在现实世界中比较少见，比如母鱼和幼鱼群的存在方式就是这样的并列存在。

---

[1] 高级别的碎片是指能够概括归纳某个体系的概念或范畴，也就是说囊括和统摄某个体系的简约符号。它和与体系相辅相成的碎片是不同等级的，在一定意义上高级于其囊括和统摄了的体系。

社会总有热点事件或热点话题。这些事件或话题在人们的精神上成为思想热点。思想热点的类型是多种多样的，有的以"碎片"的样式出现，有的不以"碎片"的样式出现。在这里仅谈作为"碎片"的思想热点，这里的思想热点是以笔者所说的"碎片"样式而存在的。这里系统探讨与作为整体的体系相对应而存在的思想热点，即作为碎片的思想热点的含义和特征。思想热点是一个引起持续关注的社会话题，也是一个学术研究主题。思想热点研究成果丰硕，取得实效。坚持正确政治方向，遵循科学世界观和方法论，紧扣时代发展脉搏，是思想热点研究的基本遵循。"时代是思想之母，实践是理论之源。"① 思想热点是对物质世界的集中反映，可以对现实社会产生巨大的能动反作用。思想热点研究坚持唯物辩证法，运用现代信息技术，彰显研究及其成果的时代性、科学性和应用性。

1. 马克思主义经典作家论述"思想热点"

马克思主义经典作家在唯物论和辩证法指导下对包括思想热点在内的精神现象提出一系列明确的思想观点。马克思创立的唯物史观认为，"观念的东西不外是移入人的头脑并存在人的头脑中改造过的物质的东西而已"②。物质生活条件是构成观念的基础。同时，"人们的观念、观点和概念，一句话，人们的意识，随着人们的生活条件、人们的社会关系、人们的社会存在的改变而改变"③。社会关系决定社会的思想观念、思想热点。马克思曾经指出"人创造环境，同样环境也创造人"。社会文化环境特别是社会风气、风俗习惯制约和影响人们的思想观念流变。

---

① 习近平. 决胜全面建成小康社会 夺取新时代中国特色社会主义伟大胜利：在中国共产党第十九次全国代表大会上的报告 [M]. 北京：人民出版社，2017.
② 马克思，恩格斯. 马克思恩格斯选集：第 2 卷 [M]. 北京：人民出版社，2012：93.
③ 马克思，恩格斯. 马克思恩格斯选集：第 1 卷 [M]. 北京：人民出版社，2012：419-420.

正如恩格斯所说:"我们当中的每一个人都或多或少地受着我们主要在其中活动的精神环境的影响。"① 从思想热点和社会环境辩证关系来看,一方面,人们思想热点受到所处时代和生活条件的影响、制约甚至支配;另一方面,思想热点具有巨大能动作用,通过价值引导实践活动可以认识并改造现实世界,甚至创造新的时代主题。

按照唯物史观,思想热点作为精神现象,是对现实世界的热烈反应,对现实世界具有巨大能动作用。特别是在观念上层建筑领域,思想热点的能动作用在特定条件下甚至具有决定性意义。马克思指出:"人们为之奋斗的一切,都同他们的利益有关。"② 这就告诉我们,利益是第一位的,奋斗作为能动活动是第二位的。现实的奋斗过程是奋斗者以现实的奋斗条件和环境为基础的能动过程。同样地,作为精神现象的思想热点的逻辑前提和现实基础是源于人们的现实社会条件和环境。"人们头脑中发生的这一思想过程,归根到底是由人们的物质生活条件决定的。"③ 思想过程具有抽象性也具有具体性,它总是对特定历史或时代的抽象。思想热点也总是对时代强音或特定历史事件充满热情的表达。马克思主义唯物史观和唯物辩证法从来不是一成不变的教条,对于思想热点在实际运用中强调"随时随地都要以当时的历史条件为转移"④。思想热点很多时候以偶然性和主观性的形式出现,而其本质上具有必然性和客观性。唯物史观和唯物辩证法为我们在基础理论层面上认识思想热点的本质、特征提供根本的世界观和方法论。

---

① 中共中央马克思恩格斯列宁斯大林著作编译局. 马克思恩格斯全集:第34卷[M]. 北京:人民出版社,1960:162.
② 中共中央马克思恩格斯列宁斯大林著作编译局. 马克思恩格斯全集:第1卷[M]. 北京:人民出版社,1995:187.
③ 马克思,恩格斯. 马克思恩格斯选集:第4卷[M]. 北京:人民出版社,1995:254.
④ 马克思,恩格斯. 马克思恩格斯选集:第1卷[M]. 北京:人民出版社,2012:376.

思想热点是成为热点的思想，是思想能量的集中体现。思想热点是具有客观性的精神现象，符合思想的内在的规律性和方法论意义。马克思指出："'思想'一旦离开'利益'，就一定会使自己出丑。"[1] 要避免自己出丑，思想热点就要紧紧围绕"利益"展开。思想热点的源与流都是围绕"利益"展开的。思想热点集中体现了特定主体的利益诉求和需要。马克思深刻揭示道"在不同的所有制形式上，在生存的社会条件上，耸立着由各种不同情感、幻想、思想方式和世界观构成的整个上层建筑"[2]。人们总是从所处时代的生产关系等经济关系中吸取道德观念等思想力量，经过酝酿调整，使自己适应社会关系（主要是生产关系）的发展要求。这个过程是思想热点形成发展的客观性过程，这一过程的原动力，"归根到底是由生产力和交换关系的发展决定的"[3]。

思想热点体现思想的力量，体现思想的凝聚力、感染力、影响力。马克思指出"批判的武器当然不能代替武器的批判，物质力量只能用物质力量来摧毁；但是理论一经掌握群众，也会变成物质力量"[4]。按照唯物辩证法，思想热点不仅在思想上产生积极效应，而且可以凝心聚力、掌握群众，转化为现实的物质力量。思想热点往往引起社会轰动效应、多米诺骨牌效应和精神转物质驱动力效应。思想热点对精神生活和物质生活都产生较大影响。思想热点对精神生活的影响是内隐性、长期性的。思想热点对物质生活的影响是显现性、功利性的。

---

[1] 中共中央马克思恩格斯列宁斯大林著作编译局. 马克思恩格斯全集：第2卷 [M]. 北京：人民出版社，1957：103.

[2] 中共中央马克思恩格斯列宁斯大林著作编译局. 马克思恩格斯全集：第1卷 [M]. 北京：人民出版社，1995：624.

[3] 马克思，恩格斯. 马克思恩格斯选集：第4卷 [M]. 北京：人民出版社，1995：251.

[4] 马克思，恩格斯. 马克思恩格斯选集：第1卷 [M]. 北京：人民出版社，2012：9.

列宁继承和发展马克思主义唯物史观和唯物辩证法，形成符合俄国国情和需要并指导俄国革命、建设走向胜利的列宁主义。列宁高度重视思想领域的革命和建设工作，他甚至亲自领导和率先垂范俄国共产党（布）的思想宣传工作。很多经典的与马克思主义有关的思想理论文章和思想热点论断都是列宁亲自创作的。列宁指出"在我们看来，没有理论，革命派就会失去生存的权利，而且迟早注定要在政治上遭到破产"[1]。思想热点总是在思想上在政治上宣传鼓动占优势地位的观念观点。在思想领域，"我们的阵地如果无产阶级思想不去占领，非无产阶级思想就必然会去占领"[2]。在列宁那里，宣传思想工作是一个重要的政治领域，是一个斗争的阵地。

列宁强调政治工作是科学性和阶级性的辩证统一。列宁首次明确提出"科学意识形态""无产阶级意识形态"的概念。作为意识形态，思想热点是客观存在的，具有科学性的一面；同时应当看到在阶级社会中，思想热点被深深地打上阶级烙印。列宁曾经说过："一个阶级如果不从政治上正确地看问题，就不能维持它的统治，因而也就不能完成它的生产任务。"[3] 无产阶级一刻也不能放松占领思想热点，开展思想热点的革命斗争，这是意识形态领域斗争的重要组成部分。"我在过去、现在和将来都希望我们少搞些政治，多搞些经济。但是不难理解，要实现这种愿望，就必须不发生政治上的危险和政治上的错误。"[4] "不发生政治上的危险"体现出意识形态工作的阶级性和残酷性。"不发生政治

---

[1] 中共中央马克思恩格斯列宁斯大林著作编译局. 列宁全集：第6卷 [M]. 北京：人民出版社，2013：367.
[2] 毛泽东邓小平江泽民论思想政治工作 [M]. 北京：学习出版社，2000.
[3] 中共中央马克思恩格斯列宁斯大林著作编译局. 列宁全集：第40卷 [M]. 北京：人民出版社，1986：280.
[4] 中共中央马克思恩格斯列宁斯大林著作编译局. 列宁全集：第40卷 [M]. 北京：人民出版社，1986：282.

上的错误"体现出意识形态工作的规律性和客观性。思想热点体现了无产阶级意识形态工作实现科学性和阶级性的辩证统一。

毛泽东曾经指出:"社会政治、经济、文化的发展,作为社会的客观条件,对人的思想、行为起着决定性作用,人的思想品德的形成发展,不可能脱离社会客观条件的制约。"① 这体现社会客观条件对思想热点的决定性作用。具备社会客观条件,思想热点就应运而生。社会客观条件发生变化,思想热点也或早或晚随之发生变化。社会客观条件没有了,思想热点也就随之消失了。"一个正确的认识,往往需要经过由物质到精神,由精神到物质,即由实践到认识,由认识到实践这样多次的反复,才能够完成。"② 这体现认识过程的曲折性、辩证性、不平衡性。对思想热点的认识往往也经历这样的过程。

中国共产党坚持马克思列宁主义,自觉运用科学的认识论和方法论指导中国革命、建设和改革事业。马克思主义认识论告诉我们,人们对世界的认识活动经历从感性认识到理性认识再到更高层次感性认识的过程,即"实践、认识、再实践、再认识,这种形式,循环往复以至无穷,而实践和认识之每一循环的内容,都比较地进到了高一级的程度"③。思想热点作为高层次的感性认识,虽则没有被早期中国共产党人直接论及,但也在革命、建设实践中受到高度重视和灵活运用。

中国共产党人关于思想热点的理论主要集中在对事物主要矛盾和矛盾主要方面的把握中。毛泽东指出"我们不但要提出任务,而且要解决完成任务的方法问题。我们的任务是过河,但是没有桥或没有船就不能过"④。在战争年代里围绕革命军队建设这一中心工作,党中央提出

---

① 毛泽东.毛泽东著作选读:下册[M].北京:人民出版社,1986:840.
② 毛泽东.毛泽东著作选读:下册[M].北京:人民出版社,1986:840.
③ 毛泽东.毛泽东选集:第1卷[M].北京:人民出版社,1991:296.
④ 毛泽东.毛泽东选集:第1卷[M].北京:人民出版社,1991:139.

"生命线"论断。1932年7月党中央在给苏区中央局及苏区闽赣两省委的信中写道"必须充实现有军队中的政治工作,实现中央政治工作条例。政治工作不是附带的,而是红军的生命线"①。"生命线"论断在之后的很长一段时间成为党的思想热点。党善于并且能够准确抓住事物的主要矛盾,1934年2月中国工农红军第一次政治工作会议上,周恩来曾明确指出"一切政治工作,要服从整个作战计划,一切政治工作,都要为着前线上的胜利"②。党把握事物主要矛盾和矛盾主要方面的本领还体现在党的意识形态工作中。毛泽东曾经说过,"舆论阵地,无产阶级不去占领,资产阶级就一定要去占领,凡是要推翻一个政权,总要造成舆论,总要先做意识形态方面的工作,无产阶级是这样,资产阶级也是这样。"③毛泽东从科学规律的维度揭示舆论阵地的重要意义。

邓小平开创中国特色社会主义事业的光明前景和光辉篇章。邓小平理论作为中国特色社会主义理论体系的核心内容,始终紧紧把握中国特色社会主义事业的思想重点、热点和难点。邓小平以崇高的政治威望、极大的政治勇气、极高的政治智慧回应了一系列重大思想热点问题。邓小平曾经深刻地指出:"如果我们不是马克思主义者,没有对马克思主义的充分信仰,或者不是把马克思主义同中国自己的实际相结合,走自己的道路,中国革命就搞不成功,中国现在还会是四分五裂,没有独立,也没有统一。对马克思主义的信仰,是中国革命胜利的一种精神动力。"④"离开了经济建设这个中心,就有丧失物质基础的危险。其他一

---

① 中央档案馆.中共中央文件选集:第8卷[M].北京:中共中央党校出版社,1991:510.
② 中共中央文献研究室.周恩来年谱(1898—1949)(修订本)[M].北京:中央文献出版社,1998:264.
③ 赵强.论维护国家舆论安全[J].红旗文稿,2009(10):24.
④ 邓小平.邓小平文选:第3卷[M].北京:人民出版社,1993:63.

切任务都要服从这个中心,围绕这个中心,决不能干扰它,冲击它。"①马克思主义与中国实际相结合,丰富发展了马克思主义,拯救了积贫积弱的旧中国。马克思主义与新中国实际相结合,进一步丰富发展了马克思主义,开创马克思主义中国化的新境界。中国特色社会主义理论体系作为马克思主义中国化的理论成果,始终紧扣思想热点,激发思想兴奋点,在中国人的头脑中彰显信仰的力量、精神的力量。

邓小平高度重视思想工作。在革命取得胜利,党的中心工作逐渐转移的特殊时候,邓小平特别强调"在工作重心转移到经济建设以后,全党要研究如何适应新的条件,加强党的思想工作,防止埋头经济工作、忽视思想工作的倾向"②。邓小平以深刻的辩证思维和深邃的政治目光,强调不能忽视思想工作,要加强党的思想工作。在做好经济中心工作的同时,严防思想上的各种不良苗头或倾向。笔者窃以为"防"与"治"是有本质区别的。在这里强调的是预防、防备,以应不测,避免思想问题酿出不可挽回的大错。预防思想上的不良苗头和倾向,不能干扰或妨碍中心工作。这体现邓小平对马克思主义辩证法的彻底掌握和娴熟运用。这为精准把脉思想热点,精准防治不良思想提供方法论武器。

思想热点具有时效性。思想热点因事而兴、因时而兴,也会因势而变。思想热点的时间跨度一般比较短。思想热点往往是特定时代主题之下一段时间内兴起的思想现象、观点或事实。世界是物质的,物质是运动变化的,物质的运动变化是可以被认识的。没有一成不变的事物,也没有一成不变的金科玉律。邓小平曾经指出:"绝不能要求马克思为解决他去世之后上百年、几百年所产生的问题提供现成答案。列宁同样也

---

① 邓小平. 邓小平文选:第2卷 [M]. 北京:人民出版社,1994:250.
② 邓小平. 邓小平文选:第3卷 [M]. 北京:人民出版社,1993:48.

<<< 第三章 社会主义意识形态价值的客体结构

不能承担为他去世以后五十年、一百年所产生的问题提供现成答案的任务。"① 这符合唯物史观和唯物辩证法，是对思想热点的科学认识，也是对思想热点的正确运用。我们不能奢求某种思想热点永不退热，不能要求某种思想理论总能给出我们现成的劳动果实。我们要能够寻找、概括和把握自己时代的思想热点，思想热点的形成发展是能动的过程，是辩证的过程，也是客观的过程。

习近平关注社会热点和青年思想热点。从一定意义上讲，时代主题是最大的思想热点。以习近平同志为核心的党中央高度重视思想热点和社会热点问题。习近平在接待群众信访工作中重视思想热点，提出"可以分类指导，根据当地情况选出一两个热点、难点问题，进行约访"②，"坚持全心全意为人民服务的宗旨，着力解决急难愁盼问题，把民生问题清单直接作为改革清单。切实回应群众生产生活中的信访热点、难点问题，不断提高人民群众的获得感、幸福感和安全感。"习近平指出，"党的十八大提出的基本要求，是对当前我国经济社会发展中存在的突出问题、改革攻坚和加快转变经济发展方式面临的难点问题、干部群众普遍关注的热点问题的积极回应，是对我国进入全面建成小康社会决定性阶段改革发展稳定、内政外交国防、治党治国治军的正确指引"③。党积极回应干部群众普遍关注的热点问题，正确指引新时代中国特色社会主义建设事业。

习近平在党的十九大报告中明确提出"经过长期努力，中国特色

---

① 邓小平. 邓小平文选：第3卷［M］. 北京：人民出版社，1993：291.
② 习近平. 之江新语［M］. 浙江：浙江人民出版社，2007：80.
③ 习近平. 紧紧围绕坚持和发展中国特色社会主义 学习宣传贯彻党的十八大精神：在十八届中共中央政治局第一次集体学习时的讲话［M］. 北京：人民出版社，2012：9.

社会主义进入了新时代,这是我国发展新的历史方位"①。报告从五个维度勾勒中国新时代的历史坐标。报告指出"中国特色社会主义进入新时代,我国社会主要矛盾已经转化为人民日益增长的美好生活需要和不平衡不充分的发展之间的矛盾","我国社会主要矛盾的变化,没有改变我们对我国社会主义所处历史阶段的判断,我国仍处于并将长期处于社会主义初级阶段的基本国情没有变,我国是世界最大发展中国家的国际地位没有变"。②报告提出新时代坚持和发展中国特色社会主义的十四条基本方略,要求"全党同志必须全面贯彻党的基本理论、基本路线、基本方略,更好引领党和人民事业发展"③。报告提出"地区热点问题此起彼伏,恐怖主义、网络安全、重大传染性疾病、气候变化等非传统安全威胁持续蔓延,人类面临许多共同挑战"④。时代主题构成当今青年大学生最大的思想热点,是对青年学生的伟大思想引领,在青年学生中达成广泛思想共识,为青年学生的砥砺前行提供精神动力。

习近平党建思想吸引青年大学生积极学习。2018年,第13届全国人大一次会议通过《〈宪法〉修正案》,这是新中国成立以来第五次修改宪法。党的十八届六中全会审议通过《关于新形势下党内政治生活的若干准则》和《中国共产党党内监督条例》。这标志着党纪党规建设迈入新时代,开启新篇章。2014年,习近平代表党中央提出部署群众路线教育实践活动,2016年中共中央提出全党开展"两学一做"学习

---

① 习近平. 决胜全面建成小康社会 夺取新时代中国特色社会主义伟大胜利[N]. 人民日报, 2017-10-28 (1).
② 习近平. 决胜全面建成小康社会 夺取新时代中国特色社会主义伟大胜利[N]. 人民日报, 2017-10-28 (1).
③ 习近平. 决胜全面建成小康社会 夺取新时代中国特色社会主义伟大胜利[N]. 人民日报, 2017-10-28 (1).
④ 习近平. 决胜全面建成小康社会 夺取新时代中国特色社会主义伟大胜利[N]. 人民日报, 2017-10-28 (1).

教育。2019 年，党中央在全党开展"不忘初心、牢记使命"主题教育。2021 年，党中央在全党开展党史学习教育。2023 年，党中央在全党开展学习贯彻习近平新时代中国特色社会主义思想主题教育。2024 年，全党开展党纪学习教育。2025 年，全党开展深入贯彻中央八项规定精神学习教育。自 2012 年中央八项规定出台以来，各级党组织持续加强对八项规定精神的学习、贯彻和落实。学习内容主要包括坚持为民服务，以人民为中心，树立党的先进性、纯洁性、人民性；坚持全面从严治党，反腐败斗争形成压倒性态势；加强党内法律法规建设，全面从严治党、依法治党；坚持党管一切，发挥新时代举国体制优势，防范化解重大系统性风险。广大青年大学生团员，特别是青年大学生党员学习领会践行习近平总书记关于党的建设的重要思想。

习近平在全国高校思想政治工作会议上指出"要运用新媒体新技术使工作活起来，推动思想政治工作传统优势同信息技术高度融合，增强时代感和吸引力"[1]。思想热点和时代主题、重要历史人物或事件、新奇社会现象等有关，受到它们的巨大影响。2018 年是改革开放 40 周年。大学生对改革开放事业的来龙去脉、恢宏历程、辉煌成就的思想认识构成一个思想热点。2018 年是马克思 200 周年诞辰，对马克思生平的思考和试论是青年大学生的一个思想热点。2022 年，中国特色社会主义青年团成立 100 周年。对《新时代的中国青年白皮书》的热烈讨论构成一个思想热点。思想热点往往通过议题设置来体现，也通过可视化的图谱来呈现。思想热点和"互联网+""大数据+"高度融合发展，形成具有新时代特征的思想热点的内容和方法。

高校思想热点值得高度关注，高校应当遵循科学规律教育和引导师

---

[1] 习近平.把思想政治工作贯穿教育教学全过程，开创我国高等教育事业发展新局面[N].人民日报，2016-12-09（1）.

生的思想热点。习近平总书记在全国高校思想政治工作会议上指出："思想政治工作从根本上说是做人的工作，必须围绕学生、关照学生、服务学生"①，"做好高校思想政治工作，要因事而化、因时而进、因势而新。要遵循思想政治工作规律，遵循教书育人规律，遵循学生成长规律，不断提高工作能力和水平"②。高校思想政治工作协同创新发展。高校思想政治理论课堂发挥第一课堂主渠道的作用，"其他各门课都要守好一段渠、种好责任田，使各类课程与思想政治理论课同向同行，形成协同效应"③。课程思政引起高校师生广泛关注，高校思想政治工作加强制度化建设。《关于加强和改进新形势下高校思想政治工作的意见》（以下简称《意见》）要求"坚持全员全过程全方位育人。把思想价值引领贯穿教育教学全过程和各环节，形成教书育人、科研育人、实践育人、管理育人、服务育人、文化育人、组织育人长效机制"④。在教育强国、科技强国、人才强国战略背景下，《意见》指出"要健全高校思想政治工作评价体系，研究制定内容全面、指标合理、方法科学的评价体系，推动高校思想政治工作制度化"⑤。从思想热点着手，坚持问题导向，加强制度建设，注重精准制导，努力建设中国特色社会主义一流大学和培养一流人才是新时代高校思想政治工作的核心所在。

---

① 习近平. 把思想政治工作贯穿教育教学全过程，开创我国高等教育事业发展新局面[N]. 人民日报，2016-12-09（1）.
② 习近平. 把思想政治工作贯穿教育教学全过程，开创我国高等教育事业发展新局面[N]. 人民日报，2016-12-09（1）.
③ 习近平. 把思想政治工作贯穿教育教学全过程，开创我国高等教育事业发展新局面[N]. 人民日报，2016-12-09（1）.
④ 中共中央国务院印发《关于加强和改进新形势下高校思想政治工作的意见》[N]. 人民日报，2017-02-28（1）.
⑤ 中共中央国务院印发《关于加强和改进新形势下高校思想政治工作的意见》[N]. 人民日报，2017-02-28（1）.

2. 思想热点的基本含义与特征

思想热点是对思想"理论和实践重点、难点问题的深刻反映"①，思想热点是社会中盛行的思想观点，是社会成员的头脑风暴和舆论话题。

思想热点是指抽象的持续时间较长的，给人带来热烈感受的一些观念或想法。

（1）思想热点的基本含义

思想即观念，是指人们对事物或现象的一些观点和看法。思想是比较间接、深邃、抽象的认识活动的精神产物。思想难以直接获取往往需要借助抽象思维、方法或工具才能获得。思想通常是形而上的观念。思想是人所特有的，它以人们的心理活动为基础，同时是高级、复杂的精神活动及其精神产品。思想大大增强了人们认识世界和改造世界的精神力量和物质力量。思想是人特有的一种能力和本领。思想的力量有时候表现得特别虚无缥缈，有时候却是最重要的独特武器。因其抽象性和深邃性，思想涉及整个宇宙和世界的全部领域，相应分为无数多的类型。思想涉及的领域和类型非常非常多，以至于形成某种结构体系。思想的力量也源自对这种结构体系的认识、复制解构和建构。

热点就是感觉到的一些兴奋点。它不仅仅是听觉、视觉、触觉感知到的，也是情绪情感体验到的，它更是思维的一些热点、兴奋点。它是意志感受到的焦点。热是对较高温度的形容，表述的是和冷相对的一种温度。它往往是身体对温度的物理感知。热是对温度高低的体感或肤感。热引申为情谊深厚，受到普遍关注或喜欢的情况或状态。这类似于温度高的一种生理和心理的联觉或通感，譬如说热情、热爱、热闹、热门、热销、热衷。热是对上述联觉或通感的日常表达。热情、热烈等暖

---

① 冯刚. 把握思想政治教育热点研究的发展规律［J］. 思想教育研究，2018（2）：17.

色调的词汇能够带来情感上的感染、共鸣。点属于思维范畴。热点是"点"范畴之下的一个重要的概念，与冷点相对。提出概念，做出判断，进行推理，这是思维活动的基本环节，是认识活动和思维活动的主要流程。热点的概念是思维活动的重要枢纽。点是细小的痕迹或物体。点是指几何学里没有长、宽、厚而只有位置的几何图形；两条线相交处或线段的两端。① 点和线、面相对应而存在。它引申为事物或现象的浓缩的、关节的位置或想法。

热点是一个名词，指的是类似于温度较高、情感较浓烈的一些微小或局部的事物。热点也是人们感觉或体验到的那样的事物。热点是能量的凝聚，不是能量的弥散。热点是凝练再凝练后的结果，它是有高价值的。热点的价值在于它有温度、有强度、有力度、有深度、有高度。从道德角度讲，热点对于我们把握道德的力量、道德的认知、道德的情感、道德的意志和道德行为有着重要帮助。因为道德细致入微、无所不至，所以要把握道德水滴石穿般的恒久力量，就要在细微处着手，于无力中寻找力量，在平凡琐事中坚持提升修养。

回应热点是非常考验人的能力和学识的。热点自身的特征决定了，应对之是不容易的。热点涉及的面广，内容也多，对思想政治工作者提出更高的要求和挑战，如要求有更高的应变能力、整体掌控的能力、以有形化解无形的能力、应对孤立事件的能力、战胜隐藏起来的敌人的能力等。孤立事件看似是偶然的、突发的、杂乱无章的，就像点看上去是孤立的封闭的，实际上体现的是矛盾的特殊性、联系的有条件性。不能把联系庸俗化，也不能把有条件性庸俗化。联系是需要有条件的，条件具备了，联系就建立起来了。条件不具备，联系就不能现实地建立起来。热点就体现联系的条件性，热点把一些事件串联起来，把一些现象

---

① 该文引自汉典。

绽放开来。有了热点,很多事件或现象由没有联系变为发生联系。透过节点、拐点、扭点、结合点、交叉点,事件或现象转变成了思想热点。

思想热点是引发人们高度关注的题目。思想热点可以是比较细小比较零散的观念和想法。思想热点本身就是一个抽象的感性的概念。它往往是当前和未来一段时间专门学术研究领域的总枢纽或总开关,引领和规定学术研究的方向和趋势。它内在地规定人们的思想,也涉及社会生活的方方面面。思想热点最直观的表述是叫作"某某观点 hot""某某观点潮"。更准确地说,思想热点应该是"某某观"加上"某某热"。这样既顾及其抽象性,也兼顾时髦性。思想热点既可以是很细小入微的抽象观点,也可以是最大的抽象,如"三观"、道德观等思想观点。"三观"、道德观是关于思想热点的生动的直观的表达。

人的思维、能量往往要聚焦才有力量、力度,才有显示度和辨识度。思想热点是在我们思想领域里形成的非常亮丽的风景。在实践中,抓工作是要抓住一些热点的,以之为抓手有利于开展工作。例如,"一个中心,两个基本点"的基本路线,体现了辩证法和矛盾论,抓工作就要抓主要工作和工作的主要方面,要抓重点、关键点。抓住一个点往往会引发出新的关键点。

热点是态度的凸显,是态度的绽放。热点是高能的浓缩的呈现,是集中的呈现。在方法论上,点是一个范畴,是源头。热点作为一个重要的概念和思维切入点,在思想政治教育中,我们就要善于发现热点,善于抓住热点,善于培育、酿造出来热点,善于应对和回应热点。把握思想热点,狠抓思想要点,才能抓出成效。有效果就有影响、有价值,也就反证出抓住了、抓对了工作。热点本身是逆扩散、逆弥散、逆辐射、逆传导的,热点对外界事物的影响与本身的特点是相反的。热点的存在就是一个点的存在。因为它是力量的存在,所以它能够影响到其他事物。

（2）思想热点的主要特征

特征是对本质属性和特点的表达。思想热点的主要特征由社会成员的主体特征和思想热点的内涵特征以及两者之间本质联系所决定。

①理想性

理想性是指思想热点关注的是具有情感内容、赋有意义的事物或现象。思想热点往往不是现实性的，也不是物质性的。

思想热点的理想性也称作超越性、精神性。这一特征具体体现在社会成员的思想兴奋点、兴趣点。社会成员的关注点在于谈追求谈价值。社会成员面临生产、生活、休闲中的诸多问题，很多的不确定情况，很多的选择。他们关注金融海啸、股市涨跌、房价高低，关注择业创业、生儿育女、医疗卫生、养生保健等事件，实质上关注的是这些事物所蕴含的追求和价值。

思想热点的理想性还表现在它兼具价值性和科学性，值得学术界关注和研究。思想热点是思想政治工作理论和实践长期持续关注的重要研究内容。"研究热点往往反映着某一学科、某一领域正在产生或即将产生的重要议题，预示着下一阶段研究的主要方向，是学界共同关切的重要问题。"[1]

②情感性

思想热点具有情感性特征。社会成员内心有着丰富多样且强烈的情感体验。这种体验有些是能够带来积极高峰情感体验的，有些是能够带来消极负面情感体验的。积极高峰情感体验对社会成员来说具有重要的现实意义。积极高峰情感体验对于社会成员的自尊心、自信心、独立性、勇气的培养具有重要的积极作用。积极高峰情感体验包括得第一名、顿悟、非常高兴、非常感动等。消极负面情感体验对于社会成员自

---

[1] 冯刚. 把握思想政治教育热点研究的发展规律［J］. 思想教育研究，2018（2）：17.

卑、懦弱、依赖等不良人格的形成产生消极作用。常见的消极负面情感体验有恐惧、焦虑、抑郁、愤怒等。

社会成员的思想活动往往具有强烈的情感色彩。思想活动以心理活动为基础，同时又高于人的心理活动。思想是高级复杂的特殊心理活动。社会成员的思想热点往往需要内在情感力量的驱动。前面提到情感高峰体验主要是积极正面情感驱动，这对社会成员来说是非常重要的经历和体验。思想热点也受到叛逆情感驱动。这主要是消极负面的情感驱动，也是思想热点形成并持续下去的重要驱动力。社会成员追求利益、追求价值实现，希望自己拥有独一无二的风格和魅力。社会成员的思想受到利益、价值观、竞争的驱动，受到情感力量的驱动。

③矛盾性

思想热点具有矛盾性特征。一方面，社会成员思想的矛盾性决定其思想热点的矛盾性。社会成员的思想观念充满矛盾冲突。社会成员的思想可能变动不居，既稳定又不稳定，虽有价值追求但充满迷茫困惑；虽有抱负但又没有明确目标；虽有坚强意志但又不能持久保持；虽保有热情但又三心二意。思想上的矛盾状态提出独特的思想热点需求。需求的满足就是思想热点的生动呈现和表达。思想热点是强烈且易变的，是新奇且脆弱的，是充满理想和浪漫色彩且缺乏现实基础的。另一方面，社会成员心理的矛盾性决定其思想热点的矛盾性。心理的矛盾性主要指社会成员心理过程的矛盾性和个性心理特征的矛盾性，特别是自我意识心理的矛盾性。社会成员个性鲜明，他们注重自我、思维敏捷、性格敏感、容易消化新鲜事物，往往对社会热点问题极为敏感，但是由于社会成员对问题认识不够理性、全面，他们的思想容易受外界影响。[1] 社会成员的思想易波动、不稳定，同时富有探索精神，体验强烈，具有一定

---

[1] 林崇德. 发展心理学［M］. 杭州：浙江教育出版社，2002：376.

的可塑性。

思想热点的矛盾性还表现在有限性和无限性的辩证统一。思想热点的有限性表现在主客体囿于特定群体。它局限于群体关注的一些热点问题。从特定群体角度看具有趣味性、可能性、可操作性的现象或人和事才能成为他们的思想热点。思想热点的无限性表现在思想热点覆盖的领域和层次都是非常深广的。社会成员对一切新鲜的事物、美好的事物总是抱以乐观包容的态度。社会成员总是想去尝试第一次，勇做第一个。他们对未果和未知的事情总是跃跃欲试。

此外，思想热点具有时代性、科学性和应用性等特点。思想热点还具有明显的易变性特征，譬如说思想热点变更的频繁性。思想热点经常变更，灵活多样。社会成员中蕴藏着无数多的思想热点。社会成员渴望思想热点的碰撞交流，思想热点的转移、冷冻也很频繁。思想热点可能是对的，也可能是错的；可能是误区、陷阱，也可能是创新、是发展。同时应当看到，思想热点研究缺乏理论性、系统性和整体性的理论基础。

思想热点也包括关于家庭的思想观点。关于家教家风家训的话题成为当今社会关注的一个思想热点话题。对社会成员来说，进入社会仿佛是笼中的鸟儿终于要飞出去了，他们在欣喜快乐之余很容易形成一些思想的热点。而在遇到困难或挫败的时候，在感觉到一系列焦虑、恐惧、失落、伤心的时候，社会成员可能会回归家庭怀抱，和家人倾诉衷肠，共同交流，共同去面对和解决难题。这时，社会成员受到家教家风家训的影响很大。所以思想热点会涉及"家庭"这个主题词，家教家风家训的思想观点关乎社会的思想热点。

新时代思想热点具有"互联网+"的特征。网络是传声筒、麦克风、放大镜，甚至是一个时代的"哈哈镜"。网络带来的虚拟世界，和现实世界产生着密切的联系。思想热点借助互联网发生了很多新的变化，生成新的心理行为互动机制，促使出现了新的生活形态、新的方式方法、新的媒体载体。思想热点越来越呈现出扁平化、快餐化、可视化、娱乐化特征。网络化思想热点是一个前沿新阵地、新课题、新挑战。

3. 思想热点的多维观念解析

尝试从哲学、心理学、传播学、社会学的多重维度探讨思想热点的内在的发展变化的过程、内在的运作机制。

（1）哲学维度的解析

思想热点的形成是自然的过程。有些像是从一个体系中衍生出来的一朵朵美丽的花朵，植根于肥沃的土壤，吸收丰富的营养。有的热点就像昙花一现，就像烟花易冷。它产生就产生了，消失就消失了。思想热点问题似乎没有什么规律可循。其实不然，必然寓于偶然之中。

从本体上说，思想热点是在较短时间里凝聚起来的价值、能量或信息。它是意识形态能够展开、扩展，并化成万物的一种起源或源头，具有热烈的精神现象。思想热点一般是孤立、零碎、偶然的，是不成体系、不成系列的。思想热点是感性的、具体的，与理论体系保持适当距离的。党的意识形态工作坚持以问题为导向就应当坚持以思想热点为工作切入点和突破口。提高党的意识形态工作的针对性和时效性，应当聚焦思想热点，特别是由工作难点或工作重点衍生的工作热点。

认识论认为，世界可以被人们认识，认识是从感性、直观开始的。认识是从感性认识上升到理性认识的。一方面来看，思想热点就是这样的感性认识。认识上升到理性认识后还会上升到更高层次的感性认识，另一方面来讲，思想热点也涵括更高层次的感性认识。思想热点往往能够以点带面、多点联事，形成一个热点的点阵、矩阵，进而形成一个思想系列或思想体系。

思想热点具有代入效应，能够把人带入一个思想的旋涡，能够把人带进一个言论的陷阱,而不在乎实际事实是什么。思想热点是陷阱本身,是显露着的阳谋。在阶级社会里,思想热点显然具有阶级性。思想热点是对社会热点的主观反映。"随着社会的不断发展,社会热点问题必将经历从产生、发展直至消亡的过程,在不同的时代下其实质和内容是不同的,每一时期阶级内部矛盾的产生都是本时期内不同阶级利益诉求的具体表现。"① 可见,不同阶段社会热点问题的发生都具有阶段性和阶级性。思想热点具有很鲜明的色彩,具有能动反映社会热点的思想魅力,那么在阶级社会,思想热点也是具有阶级性的。

思想热点的哲学解读往往对准确把握思想热点具有现实意义。对热点问题的因应做法也是恰如其分,游刃有余,务求实效。

思想热点不是无源之水,不是无本之木,思想热点往往与产生它的条件和环境有着密切的关系。有的思想热点是靠内驱力形成的。靠内驱力形成的思想热点是自发形成的,源于内在的机制,内在的运动变化过程。有的思想热点是靠外驱力形成的。有的是通过不断灌输说教制造出来的。有的是通过不断地强化熏陶形成的思想热点。

思想热点是感性与理性的辩证统一。思想热点的感性不只是它随机偶然、不确定。特点和效果出其不意,它在更深层次上经过提炼后形成更高层次的概念和思维热点,这是感性的过程和结果。思想热点的理性在于它是一种自觉合乎规律合乎内在发展变化需要的热点思想。思想热点呈现出来的高层次的感性,是思想体系当中的一些闪亮的火花。思想热点呈现出来的高层次的理性,是思想体系中逻辑、理性的节点。把握住思想热点,就牵住了思想工作的牛鼻子。丝丝入扣、环环相套、层层深入。这给人一种非常引人入胜的,美不胜收、层层递进、跌宕起伏的感觉。

---

① 邵道生. 中国社会的困惑 [M]. 北京:社会科学文献出版社,1996:300.

（2）心理学维度的解析

发展心理学家埃里克森认为，人要经历八个阶段的心理社会演变过程，这种演变称为"心理社会发展（psycho-social development）"[1]。在这八个阶段中，每个阶段都有相应的核心任务。如果任务得到恰当的解决，个人就会获得较为完整的自我同一性，如果核心任务处理不成功，就会出现个人同一性残缺、不连贯的状态。处理的成功与处理的失败即为个人自我同一性发展好和坏的两个极点。人的心理往往表现为某种心理失衡或缺失感。这种心理失衡和缺失感是一个人成长发展的内在动机和需求。人的动机和需求会引导他们关注值得他们关注的思想热点，创造属于他们的思想热点。

人们容易因为面临新的社会要求和社会冲突而感到困扰和混乱。所以，人们试图将自己的多方面——智力、社会角色、性别、道德、人格、经济等整合起来，达到一个对自我的整体认识，即获得自我统一性。[2] 埃里克森还指出："这种统一性的感觉也是一种不断增强的自信心，一种在过去的经历中形成的内在持续性和同一感（一个人心理上的自我）。如果这种自我感觉与一个人在他人心目中的感觉相称，很明显这将为一个人的生涯增添绚丽的色彩。"[3] 用奥尔波特的自我发展三阶段理论来分析，他们在探索内心的我和外在的我的过程中，实现两者的统一，实现自我成长发展，最终形成稳定的世界观、人生观、价值观。这个过程伴随着生命旅程的欢笑和泪水。有的人过于以自我为中心，有的人过于彰显个性，有的过于自卑，有的过分苛求完美，还有的

---

[1] 西蒙诺维兹，皮尔斯. 人格的发展 [M]. 唐蕴玉，译. 上海：上海社会科学院出版社，2006：110.

[2] 西蒙诺维兹，皮尔斯. 人格的发展 [M]. 唐蕴玉，译. 上海：上海社会科学院出版社，2006：48.

[3] 埃里克森. 同一性：青少年与危机 [M]. 孙名之，译. 杭州：浙江教育出版社，1998：115.

会表现出懒散。如果人长期把注意力放在社会热点的阴暗面，会导致人的心理和人格发生变化甚至扭曲。一些负面社会热点问题往往包含着大量的低俗、色情、暴力等内容。对于负面思想热点的纵容或从众行为，有时也反映了人们思想上的空白、荒凉和好奇。这些实际上构成思想热点的内在驱动力。

从众心理效应也是思想热点形成、变化发展的重要理论依据。在社会生活中，人的从众行为非常普遍。为何人们缺乏自主主体意识，有的或许是不想独特，有的或许是太在乎他人想法。大众对弱势一方颇为偏爱的情结与我国社会阶级认同偏低有关，"我们更容易被那些与我们有共同关联度及同属一个群体的人吸引和影响，尤其当这些相似性十分显著时（Burn，1991；Turner，1991）"[1]。我们应当鼓励个体发展个性的勇气和积极性，鼓励他们做最好的自己。应该辩证地去看待从众行为，有些从众行为是通过自己深思熟虑之后做出的决定，并不是盲目的，这样的从众行为就不一定是坏事。而盲目从众行为一般是不可取的，不经思考就随大流，容易被表象所迷惑。在从众心理效应下，思想热点给人带来压力，好像不关注热点就和他人不一样，好像不关注热点就没有价值。

思想热点通过行为生动呈现出来。行为具有明显的特点，如有的互动交往愿望强烈；有的注重自我体验和感受，不依赖他人；有的行为内容丰富、方式多样；有的基本具备独立自主做评估、判断和决策的能力；有的行为能力越来越强。行为也是构成思想热点的一个重要的驱动力量。在心理上，社会适应也有类似路口堵车效应，即有的车稳步前行，有的车强行插队，有的车变成"路怒族"，有的车可能发生刮擦。

---

[1] 肯里克，纽伯格，西奥迪尼. 自我·群体·社会：进入西奥迪尼的社会心理学课堂[M]. 谢晓非，等译. 北京：中国人民大学出版社，2011：154.

这些在社会成员的三观和行为上有具体化的表现。

思想热点增强认知。人们能够直观感性地感觉到热点事件、热点话题、热点现象。人们收集到相关信息，集中注意力去看去听去想。思想热点还能塑造记忆。人与人的本质区别在于生命强度的差异。即使人们的感受不同，足够的感受强度就可以使人形成某种固定的观念。思想热点也总是给人丰富的想象空间，它具有高度浓缩性、内敛性、焦点性。这样的思想热点能够一石激起千层浪，能够由点穴式效应引发由点带面的激荡效应。在思维中，点作为一个独特的范畴，能够串联思维。点是思维的一个关键纽带。思想热点的概念对于我们思维的形成、延展、扩散、推进，以及为后续做出判断进行推理提供了一种思维的起点。

思想热点在受众的情绪情感情操上引起共鸣，激发感情。在情绪上，思想热点会打破平衡，引起心理波动，会进一步激发内心的需求和动机，进而引起行为。情感热点往往由于其暖色调，其力量而引发人们的热情。这种情感的力量集中在一个点上它就会凝聚形成巨大的能动作用，形成巨大的爆破点，产生极大的影响。

意志往往表现为偶然的、随意的，在这个基础上形成一种高度的自觉理性。意志的产生往往在遇到困难挫折或者在竞赛条件下，或者是在追求目标的时候突出地表现出来。无论是看似偶然的背后存在着的坚强的意志，还是理论指导的自觉的坚强的意志热点，都是有意志过程的。思想热点经过意志过程，会产生更大的理性的必然的作用，它的作用可以达到更好的发挥。

思想热点一定是人们喜闻乐见的，也就是说，思想热点是有人情味儿的，是普通百姓对真善美的追求的体现。思想热点是在社会上有一定的受众群体的思想，而且符合大多数人的诉求和需要。

（3）传播学维度的解析

传播学为深刻而全面地认识思想热点提供了一个重要的维度。从传播学的角度来看，思想热点是那些传播给更多受众、传播效果很好或传播强度极高的思想现象或事件。从传播主体看思想热点，其主体是且只能是人。从传播客体看思想热点，其客体是某些被高度浓缩，高度关注的思想观念。从传播介体角度看思想热点，它是指思想热点占据着主流的大多数的媒介、载体、途径和平台。从传播环境看思想热点，它是某种思想被现场或者周围的大学生热烈关注而营造出来的氛围和情境。传播环境是区别于主体、客体、介体的传播要素。传播环境是保证传播效果和传播顺利进行的必要条件之一。

思想热点是符合传播规律并能达到良好传播效果的思想观念。从内容来看，它可以分为世界观热点、人生观热点、价值观热点、道德观热点、成才思想热点、创业思想热点、择业观热点、婚恋观热点。从领域来看，它可以分为政治思想热点、经济思想热点、文化思想热点、社会思想热点、生态思想热点等内容。

以传播媒介为参照系来看，思想热点经历了纸质媒体热点、电视媒体热点、网络媒体热点和AI媒体热点的变迁史。看似自发自然形成的思想热点，其实它们都有其背后的必然性和规律性。现代社会思想热点符合传播学的规律与新闻学的规律。思想热点的形成符合现代信息技术的属性和特点要求，重视议题设置，要重视意见领袖的作用。

现代信息技术具有网络化、智能化、可视化的特点，同时也具有片面性、机械性、成本高等不足。思想热点的形成通过信息技术手段实现。符合现代信息技术属性和特点要求的思想容易成为热点，违背现代信息技术的属性和特点的思想观念有可能会被排斥在现代信息技术的门槛之外。

议题设置是对关注的题目的表述、排序进行有目的、有针对性的琢磨和设定。好的议题应当醒目，能够吸引人，产生广泛的影响力，形成社会热点话题。所谓噱头、标题党可以看作议题设置的反面教材。

思想热点首先是传播主体提炼出来的。传播主体显然要全面掌握思想观念传播情况，把握思想观念传播特点及应对措施。那么，对多数调研成果而言，提高针对性也就意味着时效性，对热点问题以及领导关注的重要问题，必须集中力量，快速反应，及时调查，积极谋思路、想对策、提建议、解难题，满足科学高效决策之需。"'文当其时，一字千金'，'生逢其时'才能'谋当其用'，倘若时过境迁，工作重心转移，才慢腾腾地拿出调研成果，即使写得全面、正确、深刻，也为时已晚，难有大用。"[1]

当然，思想热点的形成和提出不只是传播主体的话语特权，不只是主体说了算。思想热点也是由广大受众的话语权所决定的。正如传播不只是传播主体传递、播报、宣传的过程，同时也是传播受众有选择地筛选、接受、理解、认同和实践反馈的过程。意见领袖就是广大受众的代表。有的是安排好的，可称之为"意见气球"。简言之，"意见气球"即扮演意见领袖且隐藏真实身份的潜伏人员。对"意见气球"要做好保护工作，要特别重视意见领袖的作用。"意见气球"和真正的意见领袖融合在一起，对于思想热点的形成和把握一定能起到很好的引导、示范、辐射作用。

（4）社会学维度的解析

思想不能没有热点，没有热点的思想是不精彩的。思想热点有很多类型，譬如人物热点、周年纪念日热点、历史事件热点、典型团队热点、灾难热点、成就热点等。社会成员发现和培育思想热点是困难重重的，成果也是难能可贵的。

社会学高度重视思想热点问题。从社会学角度用模型理论和实践相

---

[1] 习近平. 干在实处 走在前列：推进浙江新发展的思考与实践 [M]. 北京：中共中央党校出版社，2016：537.

结合的方法，从业者系统化论述思想热点的发展变化过程。应对社会成员的思想热点工作，社会工作从业者已有一系列的成果、一系列的做法。经过调查分析后，针对思想热点问题提出应对的措施。

从社会学的角度看思想热点，它是一种比较特殊的传播现象。行为是思想的外化，行为反映思想。社会学通过了解社会成员的行为，通过问卷调查，努力把握社会成员的社会行为。通过理论模型来透视，感知社会成员的行为趋势、行为特点。把握一种社会现象，认识这种社会现象。分析社会成员，能够预测他们、影响他们，这为分析和研究思想热点提供了一个视角或维度。社会成员为我们认识社会的思想特点提供了更科学与价值中立的研究方式。从社会学角度看思想热点，这个维度主要体现的是社会群体生活方式变迁的机理。

（二）意识形态体系和意识形态碎片

从意识形态的角度看，意识形态客体可以分为意识形态体系和意识形态碎片。意识形态体系包括思想理论体系与实践操作体系。意识形态碎片包括思想理论碎片与实践操作碎片。意识形态体系和意识形态碎片构成辩证统一的矛盾螺旋体。思想理论体系和思想理论碎片、实践操作体系和实践操作碎片也分别构成辩证统一的矛盾螺旋体。两组矛盾螺旋体构成母子系双螺旋体，其中前者是母系双螺旋体，后两者是子系双螺旋体。意识形态的碎片的常见形式是相关的宗旨律令和象征体系，包括意识形态的信号、敬物、礼仪、谣传、色彩等。经典意义上的社会主义意识形态是指科学的先进的意识形态"体系"，而当代中国特色社会主义意识形态已然和意识形态碎片存在千丝万缕的联系。微电影、微电视剧、微小说、碎片化阅读、微推送、算法推送都包含着意识形态碎片的元素和资源。这是由当代中国特色社会主义意识形态实践和需要所决定的。

思想理论体系从属于"体系"，是"体系"的思想理论形态。它是以学者为主体建构的相关领域的知识体系。实践操作体系也从属于"体系",是"体系"的实践操作形态。它是以实务工作者为主体的相关领域的实操系统。实践操作体系是与思想理论体系持同向同行的价值走向的体系对立面。两者如同车之两轮,并行不悖,相辅相成。

"思想理论碎片"从属于"碎片",是"碎片"的思想理论形态。它和思想理论的"体系"都是思想理论的重要存在方式。常见的思想理论碎片有零散的标语、口号、念想、俗语等。实践操作碎片从属于"碎片",是"碎片"的实践操作形态。它往往以思想理论碎片的实操形态、物质形式、方法载体等方式出场,包括符号片段、色彩枝节、声音节段、简单动作等。

社会主义意识形态价值是主体在进行社会主义意识形态教育实践活动中形成的,以客体属性满足主体需要或对主体产生实际意义的主客体关系范畴。社会主义意识形态价值客体自身包含着满足国家、社会、个人等主体需要的意识形态属性。一切具有这种属性的内容观点、组织机构、过程形式、政策建议等都可以被称为社会主义意识形态价值客体。根据其客体的体积规模、内容组成、表象特征、完整程度等可划分为体系化的客体和碎片化的客体。根据上述概念,社会主义意识形态价值的体系化客体是指根据一定的标准,梳理不同价值客体间的内在关联,对现有客体进行分类归纳,使之成为一个结构完整、层次分明、稳定连贯、统一协调的规范体系。社会主义意识形态价值的碎片化客体是指随着人工智能时代的到来,开放自由的网络思想和舆论环境使得社会意识形态复杂多变,也因此催生了适应当前碎片化需要的意识形态价值的碎片化客体。社会主义意识形态价值的客体是社会主义意识形态价值何以可能及以何可能的缘起,对社会主义意识形态教育实践活动产生直接的影响和积极的推动作用。

二、体系化的客体

体系化的客体是一个宏大的哲学概念。在社会主义意识形态价值客体研究中,从不同的维度、不同的标准来看,意识形态价值的体系化客体是意识形态的体系化价值客体,它具有不同的类型和质态。在社会主义意识形态价值实践活动中,根据价值客体体系的特征、形式、效用等的不同,体系化客体可划分为内容体系客体、过程体系客体、结果体系客体。

(一)知识、思想、文化并重的内容体系客体

我国社会主义意识形态价值的内容体系客体,包括具有意识形态价值客体属性的思想观念体系、知识课程体系、特色文化体系三部分。要充分发挥思想观念的前提先导作用、知识课程的教育保障作用、特色文化的激励牵引作用,构建知识、思想、文化并重的内容体系客体,夯实社会主义意识形态建设的内容根基,增强教育实效性。

1. 打造知识课程体系

习近平总书记强调,宣传思想工作的根本任务,就是"巩固马克思主义在意识形态领域的指导地位,巩固全党全国人民团结奋斗的共同思想基础"[①]。实现"两个巩固"关键是要强化满足社会主义意识形态建设需要的理论课程建设。打造社会主义意识形态价值的知识课程体系客体,是社会主体意识形态建设的教育保障。深化理论课程建设,就是要推动马克思主义理论化和体系化研究,推动马克思主义中国化时代化的最新成果,即习近平新时代中国特色社会主义思想进教材、进课堂、进头脑,用中国化时代化的马克思主义武装全党、教育人民、指导实

---

① 宋联江,孟蒙. 坚持思想工作"两个巩固"的根本任务[EB/OL]. 中国军网,2018-10-05.

践。从纵向的教育体系看，就是要加强大中小学思想政治理论课一体化建设；从横向的教育要求看，就是要加快推进课程思政建设，引导课程思政与思政课程同向同行。

建立纵向各学段层层递进、逐步深化的知识课程体系。一方面是要加强大中小学思想政治理论课一体化建设。习近平总书记多次强调思政课对于人才培育以及党和国家发展的深远意义，推动大中小学思想政治理论课一体化建设是促进学校思政课改革创新、推动新时代思政课高质量发展的必然选择，对于社会主义意识形态理论宣传具有重要作用。[1] 顺应学生成长发展规律，立足不同学段的学情特点、课程目标、知识内容，将思政课贯穿于学生学习发展和成长成才的全过程，促进教材一体化、课程一体化、教师队伍一体化建设，推动大中小学思政课和高校马克思主义衔接流畅、层层递进、逐步深化。[2] 另一方面要特别关注高等教育阶段马克思主义理论课程建设。加强马克思主义理论课程建设，是加强党的意识形态工作阵地的必然要求。要紧紧围绕马克思主义理论属性，促进马克思主义理论课程建设的专业化、体系化，最终服务意识形态工作全局发展。

建立横向各课程密切配合、相互协调的知识课程体系，促进课程思政与思政课程同向同行。在课程设置上，建立必修课与选修课相互协调、思政课与非思政课相互配合的课程体系。以习近平新时代中国特色社会主义思想核心内容加强课程体系建设，根据核心内容中的相关分类板块分设必修课程或选修课程；思政课与非思政课要相互配合，促进多学科交叉，将习近平新时代中国特色社会主义思想全面贯穿于各学科知

---

[1] 单文鹏.习近平关于大中小学思想政治理论课一体化建设的重要论述探析［J］.思想教育研究，2023（7）：106-110.

[2] 许瑞芳，张宜萱.大中小学思想政治理论课一体化建设的回顾与展望［J］.思想理论教育，2024（3）：17-23.

识体系。在课程实施中，课程思政与思政课程协同育人。课程思政强调要深入挖掘非思政学科中的思政教育元素，在进行专业学科知识教育的过程中，融入思想政治理念和思想政治教育元素，实现专业理论知识与思政理念元素之间的有机融合。要充分发挥思政课程直接育人功能，承担开展马克思主义传播与理论教育的主要任务，注重发挥课程思政间接育人功能，丰富思政育人多样性，促进课程思政与思政课程优势互补，保障二者之间的协同一致、同向同行，最终形成横向协同育人格局。

2. 强化思想观念体系

理念是行动的先导，强化社会主义意识形态价值的思想观念体系客体，是加强社会主体意识形态建设的前提基础。个体参与社会实践的全部行为总是受思想观念先行支配的，从思想和行动的关系来看，思想在逻辑上是优先的，是行动的前提和基础。在意识形态领域，一个人总是先产生具有某种意识形态特征的思想，再在这种思想观念的影响下产生相应的价值选择和实践行动。社会主义意识形态价值的思想观念体系客体具有坚持党和国家社会主义意识形态工作宗旨的价值承载功能、推动形成社会共识引导社会舆论的情感调节功能、促进思想外化于行的行为导向功能。因此，我们把思想观念体系看作社会主义意识形态价值内容体系客体中具有"先导"性功能的关键部分，强调思想观念体系在社会主义意识形态教育实践活动中的重要地位。要把包含社会主义意识形态价值的思想观念贯彻落实在社会主义意识形态教育实践当中，通过强化思想观念体系增强价值主体的意识主动性和能动性。[1]

习近平新时代中国特色社会主义思想体系是思想观念体系客体中的思想理论根基。习近平新时代中国特色社会主义思想，是在坚持贯彻了

---

[1] 常锐. 论国家治理中的"价值观先导"效能[J]. 社会科学战线，2021（3）：248-253.

"两个结合"的基础上，运用辩证唯物主义和历史唯物主义所形成的马克思主义中国化的最新理论成果和光辉典范，是一个系统全面、逻辑严密、博大精深的科学体系。其内容涵盖了包括意识形态在内的经济、政治、生态、科技、文化、宗教、国防等诸多方面，天然蕴含着马克思主义的意识形态价值取向和当代中国特色社会主义在意识形态方面的新要求新发展，对我国各行各业的实践，特别是意识形态领域实践做出理论概括和战略指引。理论决定方向、方向决定道路、道路决定命运，我国在意识形态领域的指导理论，关乎旗帜、关乎道路、关乎党和国家的前途命运，影响着政府的方针政策和前进方向。因此，要把习近平新时代中国特色社会主义思想体系作为思想观念体系客体的思想理论根基，用习近平新时代中国特色社会主义思想武装头脑，统领意识形态工作，满足作为主体的国家、社会和个人对社会主义意识形态的需求。①

社会主义核心价值体系是思想观念体系客体中的价值观念引领。"核心价值观是在社会中居统治地位并起支配作用的核心价值理念。"②有助于引导全国各族人民形成和巩固统一的思想认识和道德基础。我国的社会主义核心价值观具有突出的意识形态属性，价值观教育也是社会主义意识形态建设的重要组成部分。而社会主义价值体系以社会主义核心价值观为内核，包含了马克思主义指导思想、中国特色社会主义共同理想、以爱国主义为核心的民族精神和以改革创新为核心的时代精神、社会主义荣辱观，对于整合社会群体思想共识，引领社会主义价值取向，凝聚推进中华民族伟大复兴的精神力量具有至关重要的作用。社会主义核心价值体系通过价值观念的内化引导意识形态进入广大人民群众

---

① 范春文. 以习近平新时代中国特色社会主义思想为指导做好新时代高校意识形态工作[J]. 西藏大学学报（社会科学版），2018，33（4）：1-5.
② 徐俊. 增强实现中华民族伟大复兴精神力量的逻辑理路[J]. 广西社会科学，2024（1）：49-57.

的思想和内心世界，生成符合社会主义意识形态要求的价值标准和行为准则，是思想观念体系客体中的价值观念引领和社会主义意识形态建设的关键环节。

3. 塑造特色文化体系

社会主义意识形态价值的特色文化体系客体，在社会主体意识形态建设中发挥激励与牵引作用。党的十九大报告指出："意识形态决定文化前进方向和发展道路。"① 文化往往承载着意识形态的价值取向，意识形态是对精神文化的直接反映，是文化的核心。文化可以潜移默化影响人们的思想观念，转化为人们在有目的地实施某种行为时的精神动力，这种受文化影响而产生的精神动力越强大，人们从事某种行为时的意念就越坚定，由此所产生的物质效能就越强大。且文化是意识形态的载体，具有价值层面的意识形态引领作用，塑造社会主义意识形态价值的特色文化体系，有助于构筑社会主义意识形态安全的精神文化屏障，增强社会主义意识形态的吸引力、凝聚力，激励人们以社会主义意识形态指导实践。②

塑造中国特色社会主义文化体系。意识形态需要良好的文化来滋养，在全球背景下，多元文化之间的相互交流、交融、交锋变得日益频繁，使社会主义主流意识形态建设面临着更加复杂的文化生态。塑造融通中外的中国特色社会主义文化体系，对于加强文化自信，提升社会主义意识形态的引领力、凝聚力有着重要的现实意义。塑造中国特色社会主义文化体系，要坚定文化自信。任何国家的文化都具有鲜明的时代性和民族性，中国特色社会主义文化扎根于中华优秀传统文化沃土，成长于中国特色社会主义伟大实践，汲取了马克思主义的优良品质，是被历

---

① 习近平. 习近平谈治国理政：第3卷 [M]. 北京：外文出版社，2020：32.
② 孙绍勇. 新时代基于意识形态维度的中国特色社会主义文化自信析论 [J]. 思想战线，2022，48（4）：165-172.

史和实践证明了的科学的、先进的文化，要坚定文化自信，筑牢中国特色社会主义文化体系信念之基。[1]塑造中国特色社会主义文化体系，要秉持开放包容。文化是全人类共同的财富，以开放包容的心态加强中国特色社会主义文化与世界各国文化的交流互鉴，有助于在国际上能够听得懂、传得开中国特色社会主义文化体系，要秉持开放包容，丰富中国特色社会主义文化体系内涵特点。[2]塑造中国特色社会主义文化体系，要坚持守正创新。一方面，旨在坚守马克思主义这一根本思想，和社会主义意识形态的核心内容；另一方面，强调促进中国特色社会主义文化在新的时代背景下与时俱进、创新发展，即要坚持守正创新，激发中国特色社会主义文化体系的活力。

以文化表现力增强意识形态吸引力，构建意识形态工作大格局。从文化对意识形态的牵引性来看，一方面社会文化生态为意识形态的发展提供文化滋养，另一方面意识形态本身也是文化，因此在某种意义上，我国社会主义文化的发展影响着当代中国主流意识形态的建设。文化是意识形态的重要载体，社会主义意识形态可以借助中国特色社会主义文化获得更加广泛、深刻的传播，伴随文化元素渗透到广大人民群众的日常生活中去，改变人们的思想观念，成为人们的行动指南。新时代，随着科技的进步与思想观念的更新换代，文化的发展和传播路径有了新的变化，在这种文化境遇下应当充分把握文化传播、发展和建设的新思路，通过增强文化表现力，拉近社会主义意识形态与人民群众的距离，增强意识形态凝聚力与吸引力。[3]

---

[1] 史少博.论新时代中国特色社会主义的文化自信[J].学术界，2023（3）：146-153.

[2] 索世帅.新时代中国特色社会主义文化话语体系的构建向度[J].理论导刊，2024（2）：4-9.

[3] 徐剑雄.国家主流意识形态建设的文化生态机理、现状和路径[J].江苏社会科学，2021（5）：21-28，241.

（二）宣传、引导、践行贯通的过程体系客体

在社会主义意识形态价值的过程体系客体中，思想宣传体系客体扩大社会主义意识形态的话语声音，使民众听得见；教育引导体系客体拓展社会主义意识形态的引导场域，使民众能认同；实践保障体系完善社会主义意识形态的保障力量，使民众愿践行。从受众的角度出发，厘清从"听见"到"认同"再到"行动"的社会主义意识形态价值的过程体系客体，有助于探索社会主义意识形态建设的新思路。

1. 线上线下协同发力的思想宣传体系

习近平总书记强调"我们必须把意识形态工作的领导权、管理权、话语权牢牢掌握在手中，任何时候都不能旁落"[①]。意识形态话语权体现的是话语对舆论的引导和支配能力，以及话语所承载的价值观念对人民的影响程度，而话语的力量往往通过传播来实现，因此宣传是增强话语权的一个重要因素，要积极构建社会主义意识形态价值的思想宣传体系客体，增强新时代马克思主义意识形态的话语声量。随着新媒体时代的到来与互联网的迅速普及，意识形态之争从现实领域拓展到了网络空间，社会主义意识形态价值的思想宣传体系，既要观照传统线下宣传领域，更要观照新兴网络宣传领域，加快形成线上线下协同发力的思想宣传体系。

巩固以党的领导为核心的思想宣传体系，举旗定向开展线下宣传思想文化工作。"宣传思想文化工作事关党的前途命运，事关国家长治久安，事关民族凝聚力和向心力"[②]。新时代增强社会主义意识形态网络

---

① 中共中央文献研究室. 习近平关于社会主义文化建设论述摘编 [M]. 北京：中央文献出版社，2017：21.

② 习近平对宣传思想文化工作作出重要指示强调：坚定文化自信秉持开放包容坚持守正创新为全面建设社会主义现代化国家全面推进中华民族伟大复兴提供坚强思想保证强大精神力量有利文化条件 [N]. 人民日报，2023-10-09 (1).

话语权要明确党对宣传思想文化工作的领导核心地位，推进党对意识形态宣传工作的领导权、话语权不断加强，巩固以党的领导为核心的思想宣传体系。第一，巩固党和国家的各级宣传部门主阵地。《中国共产党宣传工作条例》中将党委宣传部确立为党中央和地方各级党委主管意识形态方面工作的职能部门，发挥着分析研判、统筹协调、指导管理社会主义意识形态宣传的主阵地功能。"所有宣传思想部门和单位，所有宣传思想战线上的党员、干部都要旗帜鲜明坚持党性原则"。① 第二，依托出版社和新闻报刊等传统媒体扩大思想宣传效果。出版社、新闻报刊等传统媒体是传播知识、传递信息、宣传思想、凝聚人心的重要载体，要依托《人民日报》《光明日报》《求是》等党媒党刊，人民出版社、商务印书馆、高等教育出版社等出版平台，在党的领导下通过出版书籍文章，宣传党的方针、政策，发挥好媒体的"喉舌"作用，实现展形象、传思想、聚人心的宣传效果。第三，联合各层次学校教育深入开展社会主义意识形态宣传。立德树人是教育的根本任务，意识形态工作是学校教育工作的重要组成部分，要充分利用教育和学习的方式，善于发挥校内宣传平台和校园文化活动的作用，筑牢学校社会主义意识形态防线，不断提高广大青年的思想觉悟和政治水平。党和国家的各级宣传部门、出版社和新闻报刊等传统媒体、各层次学校教育共同构成了以党的领导为核心的思想宣传体系的"四梁八柱"。

发展新时代网络思想宣传体系，掌握社会主义意识形态网络话语权。新媒体时代的到来使得网络空间与意识形态相互渗透，一方面网络空间迅速延展，使得虚拟的场域与人民日常生活紧密融合；另一方面社会现状的发展改变了意识形态的具体内容与形式，网络媒介的更新也加速了意识形态的传播。在此境遇下，网络成了意识形态斗争的主战场，

---

① 习近平. 习近平谈治国理政：第1卷[M]. 北京：外文出版社，2018：154.

"要加强网上正面宣传，旗帜鲜明坚持正确政治方向、舆论导向、价值取向"①，牢牢掌握网络空间意识形态的话语权，具有理论与现实的双重价值。随着网络空间的加入和社会的更迭进步，传统的社会主义意识形态思想宣传体系已无法满足时代的需求和发展，因此应当拓展网络思想宣传场域，改进宣传原则与宣传策略，创新宣传内容和宣传形式，积极创建适应当前网络化生活环境的既覆盖公共领域又渗透私人领域、既有地方和中央官媒入驻又有新兴媒体参与、既能够让媒体"讲出口"又能够让民众"入脑"的网络思想宣传体系，牢牢掌握社会主义意识形态网络话语权。

2. 多方协作全程贯通的教育引导体系

社会主义意识形态建设强调要增强社会主义意识形态的凝聚力和引领力，这种"凝聚力和引领力"源自人民对社会主义意识形态的情感认同，只有当多数个体认可某种价值观念时，才有可能为了实现这种价值追求形成思想共识，凝聚精神力量，形成发展合力。人民对社会主义意识形态的认同程度会直接影响到社会主义意识形态凝聚力、引领力和话语权的强弱，进而影响到国家意识形态安全和社会稳定发展。这种对意识形态的认同感是后天培养的，个体首先要对某种意识形态产生初步的理性认识和感性认识，随着认识的不断加深逐步建立对该意识形态的情感价值倾向，当这种情感价值倾向总体上是正面积极的就会自然而然地转化为对该意识形态的心理认同。因此，增强广大人民群众对社会主义意识形态的认同，需要关注主体建立社会主义意识形态认识的过程，在这个过程中注重引导正面积极的情感价值倾向，将宣传话语真正转化为舆论优势，引导人民从政治上的服从转变为心理上的认同。这个过程不仅需要家庭、学校、社会的多方参与，还要贯穿个人生存发展的各阶

---

① 习近平. 习近平谈治国理政：第3卷[M]. 北京：外文出版社，2020：306.

段，构建起多方协作、全程贯通的社会主义意识形态价值的教育引导体系客体。

构建家庭、学校、社会多方协作的横向教育引导体系。主体对社会主义意识形态的理性认识和情感建立并非一朝一夕、在某一特定场域内形成，而是在一个社会各方共同参与的大环境中，在家庭、学校、社会多方共同作用下逐渐完善的。因此从横向的引导场域看，社会主义意识形态认同感培养是一个家庭、学校、社会多方协作的大工程，需要汇聚起全社会各领域的教育引导力量。[①] 其中，家庭是一个国家和社会的基本组成单位，也是个体人生的第一课堂。家风对个体性格和价值取向的影响是深远的，而与学校和社会相比，家庭往往缺乏统一明确的政治价值导向，因此要大力倡导家风建设，帮助青少年"扣好人生第一粒扣子"，积极引导个体形成正确的思想观念，增强社会主义意识形态认同感。学校是为党育人、为国育才、进行社会主义意识形态教育引导的主阵地，有相对严密的组织机构和清晰正确的政治导向，所倡导的观念符合社会主义核心价值观的要求，所传播的内容整体与社会主义意识形态保持一致性。社会是锻造个人品格、塑造价值观念的大熔炉，有更丰富的教育引导资源、更广阔的教育引导环境、更隐蔽的教育引导手段，潜移默化地熏陶和感染人。要积极拓展社会主义意识形态的引导场域，构建学校、家庭、社会多方协作、融通一体的横向教育引导体系客体，不断增强民众对社会主义意识形态的认同感。

完善个人成长发展阶段全程贯通的纵向教育引导体系。从纵向看，增强个体对社会主义意识形态的理性认识和情感认同的任务贯穿于个人成长发展的全过程，是循序渐进、不断深化的，应遵循个人成长发展规

---

① 莫忧，王婷. 以"三全育人"理念为指导构建高校思想政治理论课协同体系［J］. 中国高等教育，2023（19）：44-47.

律，使发展过程中不同阶段各有侧重、紧密衔接、全程贯通。学前和小学阶段注重启蒙性引导。这一阶段的个体正在初步形成个人道德情感，容易在外界的影响下产生喜恶，因此需要采用故事性手段引导个体初步建立对集体、社会、国家的责任感和荣誉感。中学阶段注重知识性培养和政治性引导。这一时期的个体具备了抽象性思维的能力，且独立意识逐渐觉醒，应当强化此阶段的知识性教育，培养学生独立思考的能力，夯实理论知识基础，提升政治文化素养，增强社会主义政治认同。大学及此后阶段注重责任感和使命感引导。这一阶段的个体已经形成了相对完整的知识体系，更具深入地参与到社会生活和政治生活中来，要引导个体培育和践行社会主义核心价值观，增强社会责任感和历史使命感，深化社会主义意识形态的认同感。针对不同人生阶段个体的心理特点和发展需要，有意识地构建全程贯通的纵向教育引导体系客体，实现个体对社会主义意识形态由认识到认同的转化。

3. 物质精神双向并重的实践保障体系

意识形态不是通过强制的权力去奴役人，而是利用精神的力量来影响人，使对象将思想和情感上的认同转化为自觉主动的实践行动。这种实践行动不仅需要物质层面的外在保障，更需要思想层面的内生动力。只有建立精神和物质双向并重的实践保障体系，拥有敢于践行的社会环境和善于践行的思想本领，才能够迈出愿意践行的关键一步。加强社会主义意识形态建设是为国家稳定和社会进步服务的，其本质是要获得人民对社会主义意识形态的认同，统一思想认识维护内部团结，进而协调各方力量支持国家的运作和发展。因此，社会主义意识形态建设内在地要求了教育对象要保持思想的统一性和行动的一致性，自觉遵循意识形态规范行动,以更加积极主动的姿态参与到中国特色社会主义的伟大实践中。①

以物质保障体系改善外部实践环境,使民众敢践行社会主义意识形态。复杂的国际国内环境给社会主义意识形态工作带来了许多挑战,也使得个体在将思想外化为行动的过程中无法迈出关键一步。构建社会主义意识形态价值的物质保障体系客体,有助于防范和化解可能存在的社会重大风险,改善践行社会主义意识形态的外部环境,使民众敢践行。各级党委承担着意识形态工作的主要责任,应当坚决贯彻落实党中央的战略部署,确保意识形态工作的相关会议精神、文件要求和工作部署能够落实到位,因此要进一步压实社会主义意识形态工作主体责任制,完善监督、问责制度,营造风清气正、安全可靠的社会主义意识形态工作大环境,为践行社会主义意识形态提供制度保障。政府机关是意识形态工作的主要执行者,积极引导开展意识形态教育,及时妥善处理重大意识形态风险,与时俱进优化有关意识形态的政策法规,为践行社会主义意识形态提供有益的政策支持。此外,军政部门、社会群团组织也是践行社会主义意识形态的重要群体,能够为践行社会主义意识形态的个体提供课题研究的资金支持、实践调研的便利通道、宣传教育的广阔平台等。

以思想保障体系增强内在实践本领,使民众能践行社会主义意识形态。一方面,引导社会主义意识形态外化为实践行动,需要寻求坚实的理论来源。缺少基本理论的行动是盲目且不稳定的,推进社会主义意识形态理论由外部理念向人民的内在选择不断转化,使人们在深入学习理解社会主义意识形态理论的基础上,从内化的思想动机进一步发展出外

---

① 唐庆鹏.政治认同:网络意识形态话语权的建构路径[J].探索,2021(2):177-188.

化的实际行动。另一方面,引导社会主义意识形态外化为实践行动,需要引导民众看清敌我形势,明确政治定位。资本主义的毒药往往包裹着鲜亮诱人的糖衣,民众无法认清资本主义文化宣传下的意识形态侵略本质,自然也无法自发地采取行动抵制相关思想的渗透,因此引导行动的前提是揭露资本主义的丑恶行径,帮助民众看清敌我形势,明确抵御外部侵略、维护社会主义意识形态的自我定位。二者依赖于体系化的教师队伍建设,要组建一支练就过硬本领、提高政治站位,既有助于深化社会主义意识形态理论根基,又有助于建设一支认清资本主义本质的思政教师队伍,帮助个体形成理论扎实、定位明晰的思想基础,提高个体将社会主义意识形态外化为实践行动的能力。

(三)个体发展与集体目标共融的结果体系客体

马克思主义关注每个人的自由全面发展,而个人的生存和发展依赖于社会进步,因此社会主义意识形态价值的结果体系客体既要从个体发展出发观照个人成长成才,又要从集体目标出发促进个体意识与集体价值共融共生,实现个人和国家同向发展。为实现这一结果导向,在社会主义意识形态建设中要借助政策体系客体、制度体系客体、道德体系客体,来推动个体发展与集体目标共融。[1]

1. 个体发展与集体目标共融的政策体系

政策体系客体是实现个体发展与集体目标共融的调节工具,提供了强有力的外部保障。个体发展与集体目标共融的政策体系为协调个人利益与集体利益、维护社会繁荣稳定制订了一套长效可行的方案,基于现实需要对个人或组织提出一系列最基本、兜底性的政策要求,为社会发展的列车装上了制动器,避免因极端个人主义、功利主义泛滥成灾而滑

---

[1] 陈曙光. 论"每个人自由全面发展"[J]. 北京大学学报(哲学社会科学版), 2019, 56(2): 22-32.

坡倒退。此外，政策法规通过严格的法律条文或国家的政策文件，规范社会行为、调节社会关系、维护社会秩序，具有权威性、强制性、规范性的特征，通过外部手段传播社会主义意识形态，促进个体发展与集体目标相统一。个体发展与集体目标共融的政策体系客体主要包括面向广大人民群众的社会政策法规和面向全体党员干部的党内法规条例，二者虽适用对象不同，但都服务于个体自由全面发展、社会稳定有序、国家繁荣昌盛。

个体发展与集体目标共融的社会政策法规。个体在进行社会实践和价值选择时，通常会产生两种价值倾向，一种是实现个人利益最大化的利己价值倾向，另一种是关注集体利益发展的利他价值倾向。而个体发展与集体目标共融的社会政策法规的任务就是协调个体理性与集体理性，使个体在行为选择时能够自觉选择有利于集体利益的行为。只有当社会中每位普通民众的个体利益和诉求得到充分的表达，并融入社会政策法规的制定、执行和监督过程中，才能真正确保个体发展与集体目标共融，人民群众能够发自内心地践行和拥护国家政策，保障相关政策法规的落实。当前我国正在大力发展全过程人民民主，这将为制定和推行个体发展与集体目标共融的社会政策法规提供良好的社会政治环境，发展全面覆盖、全程参与、全员共享的民主，大力拓展民主渠道，使每一位公民都能成为国家政策法规的制定者、执行者和监督者，有效将个人价值追求融入公共政策法规。①

个体发展与集体目标共融的党内法规条例。党内法规条例的集体主义价值取向源于党的性质宗旨和马克思主义的理论根基，从党的性质宗旨看，中国共产党的根本属性是人民性，根本宗旨是全心全意为人民服

---

① 韩升.公共政策价值导向性的政治哲学分析［J］.社会主义研究，2014（6）：105-110.

务，天然地要求中国共产党以最广大人民群众的利益为根本利益，党的一切活动都需要以服务社会公共利益为前提。从党的理论根基来看，马克思主义认为人的本质是一切社会关系的总和，揭示了个人与集体的辩证关系，成为党的集体主义价值取向理论原点。党内法规条例对个体发展的关注则体现在党的根本发展目标上，共产党的最终目的是建立一个没有剥削、没有压迫、人人平等、人人自由、每个人都能实现自由而全面发展的社会主义社会，集体发展的一切成果最终都由人民共享，成为促进每个人的成长与发展的现实条件。因此党内法规条例既肯定个人利益的合理性，切实保障党员和广大人民群众的正当个人利益，又强调集体利益的至上性，要求个人利益服从集体利益、局部利益服从整体利益、短期利益服从长远利益，但最终要实现集体利益和个人利益相统一，集体发展成果由人民共享。①

2. 个体发展与集体目标共融的制度体系

制度体系客体是实现个体发展与集体目标共融的校准架，构建起规范化的长效机制。个体发展与集体目标共融的制度体系通过充分利用制度育人、引导作用，发挥制度保障功能，来强化社会主义意识形态建设，实现集体、社会、国家的稳定繁荣与个人的自由全面发展相统一，是在深入把握个人理性与集体理性关系，明确社会主义意识形态建设的结果导向的基础上形成的制度化、规范化、可持续性的方式方法。一方面要提供规范化的制度模式，保证社会主义意识形态建设不走歪、不变形。平衡好个体发展与集体进步的关系，既要避免极端个人主义破坏繁荣稳定的社会现状，又要避免过分强调集体价值而忽视个体发展的需求。另一方面要提供可持续性实施方案，保证社会主义意识形态建设常

---

① 周叶中，陈若琪．论党内法规的集体主义价值取向［J］．江苏行政学院学报，2024（2）：121-128．

态化、长效性。通过日常化、生活化的教育方式或激励引导机制，营造一种个体价值与集体价值共融共生的社会风气，并使之长期影响着每一位社会成员的思想观念，塑造着每一位参与社会实践的公民的实际行动。

完善为党育人、为国育才的人才培养机制。教育具有鲜明的政治属性，新时代的教育首先要回答好"培养什么人、怎样培养人、为谁培养人"的问题。要坚持为党育人、为国育才的方针，培养一批个人素质全面提升、理想信念坚定，能够在奉献集体、奉献社会中实现个人价值的新时代有志青年人才。完善为党育人、为国育才的人才培养机制就是要将为党育人、为国育才的理念融入具体的社会制度规范中，将个人知识成长目标、能力成长目标、素质成长目标、社会发展需要、国家人才缺口等，形塑为人才培养过程中的制度安排，将抽象的观念外化为思想引领机制、课程改革机制、组织保障机制、人才保障机制等个体发展与集体目标共融的人才培养机制体系，最终形成全社会统一的、以为党育人为国育才为目标的人才培养制度体系及制度环境。

健全担当作为、干事创业的激励引导机制。在完善为党育人为国育才的人才培养机制的同时，社会一些地方也存在着个人参与社会实践环境差、干事创业外部保障不到位、责任担当落实情况不理想等现象。杜绝这些现象、解决个人发展融入集体目标的难题，需要积极健全担当作为、干事创业的激励引导机制。习近平总书记强调"要积极营造有利于干事创业的良好环境""让愿担当、敢担当、善担当蔚然成风"。[①] 这是习近平总书记在中共中央政治局民主生活会上对党内政治生态的要求，同时也指明了社会政治生态的改进方向，即要建立健全担当作为、

---

① 中共中央政治局召开民主生活会 坚持团结奋斗贯彻落实好党的二十大重大决策部署 中共中央总书记习近平主持会议并发表重要讲话[N]. 人民日报，2022-12-28(1).

干事创业的激励引导机制，完善和落实各项措施，营造有助于担当作为、干事创业的社会环境，消除妨碍个人担当责任使命的各种因素，使各类人才能够以自身发展助力社会进步、国家繁荣，并在良好的社会环境中进一步完善自我。

3. 个体发展与集体目标共融的道德体系

道德体系客体是实现个体发展与集体目标共融的牵引绳，能生成不间断的内部动力。个体从事社会行动时不仅受到外在的社会规则制约还受到内在的道德规范的影响，这种隐性的道德规范通常借助社会环境来熏陶和影响人，使一定的道德知识、价值观念内化为个人的理想信念和行为准则，进而为个体符合道德规范的社会行动提供源源不断的内生动力。个体发展与集体目标共融的道德体系客体通过将集体主义的道德理念和道德规范内化为个人的思想认识、道德情感，使这种思想和情感转化为个体的自我意志和行为动机，进而调动个体从事社会行动的能动性和创造性，自觉实现个体发展和集体目标共融共生，满足社会主义意识形态建设需要。构建个体发展与集体目标共融的道德体系，既要大力弘扬中华传统美德，从家国情怀和义利观中汲取力量，又要与时俱进积极推动新时代社会公德与私德协调发展；既要具有本土特色，又要符合当前国情。①

大力弘扬中华传统美德中的家国情怀和义利观。中华优秀传统文化是马克思主义中国化的重要历史滋养，更是中国特色社会主义制度枝繁叶茂的肥沃土壤和深厚根基，是社会主义意识形态建设的宝贵资源。中华优秀传统美德是中华优秀传统文化中不可或缺的一部分，探索社会主义意识形态价值的道德体系客体，必须从中华优秀传统美德中挖掘资

---

① 张家菖. 论提升青少年道德内化动力[J]. 中学政治教学参考, 2017（15）：82-83.

源、汲取力量。中华优秀传统美德中"夙夜在公、公而忘私、国而忘家""修身、齐家、治国、平天下""先天下之忧而忧,后天下之乐而乐""天下为公"的家国情怀,强调以国为重、以公为先的集体主义价值取向;"先义后利、义以为上、见利思义""重义轻利"的义利观,则体现了古人对个人利益与家国大义之间关系的思考,这些都是新时代正确处理个人与集体关系的宝贵思想资源。大力弘扬中华传统美德中的家国情怀和义利观,有助于引导社会公民正确把握个人利益与集体利益的关系,培养个体的家国情怀和责任担当,实现个人与社会同心、同向发展。[①]

积极推进新时代社会公德与私德协调发展。社会公德是指社会中人们普遍认可、约定俗成的公民在参与社会人际交往、从事社会生产生活实践时需要自觉遵循的道德行为规范,强调个人在进行社会性活动时要维护公共领域的利益与秩序。而个人私德则多指个体在私人领域的行为品性、作风习惯等,是属于个人全面发展的道德,社会公德与私德并非相互割裂,相反个体在从事某项活动时往往是私德与公德在同时发挥效用。因此新时代中国特色社会主义道德体系建设,既要大力发扬以集体主义为原则的政治性社会主义公共道德,又要积极倡导有助于个人自由全面发展的社会主义基本私德,最终实现新时代社会公德与私德协调、个体发展与集体目标共融。

三、碎片化的客体

进入新媒体时代,伴随着网络领域的拓展和网络化程度的加深,社会主义意识形态价值客体呈现出碎片化的特点。网络空间意识形态诠释

[①] 师帅朋,陈建兵.个人与集体价值关系的冲突与转圜[J].思想教育研究,2018(4):79-82.

主体的多主体化催生了碎片化的意见领袖、诠释内容的复杂多变催生了碎片化的信息内容、诠释过程的数据化催生了碎片化的传播过程，共同组成了社会主义意识形态价值的碎片化客体。

（一）碎片化的意见领袖

在网络化时代，开放性的网络空间和更快捷的传播手段为碎片化的网络意见领袖的产生创造了条件，网络意见领袖对广大网民群体的价值影响与社会主义意识形态网络宣传教育的要求内在契合，在其发挥作用的过程中，意见生成受制于流量崇拜性，意见内容呈现出价值多元化，意见输出具有强话语吸引力，要善于挖掘、充分发挥网络意见领袖的社会主义意识形态传播价值，不断提升意识形态的引导力、吸引力和传播力。

1. 信息化时代催生碎片化的网络意见领袖

意见领袖的概念最早出现在拉扎斯菲尔德（Lazarsfeld）等人著的《人民的选择》一书，是西方传播学中的一个概念，是指在人际传播关系网络中经常为他人提供信息、意见、评论，对他人施加影响的思想中心和"活跃分子"。2010年开始，随着网络的发展，有学者针对网络大V、知名专家、网络媒体评论员等活跃在庞大的网民群体中，以少数群体严重影响广大网民的现象创新性地提出了网络意见领袖的概念。在网络化时代，网络意见领袖已经成为影响广大网民价值观念、意识形态的重要因素，与思想政治教育的功能和作用内在契合，有望成为新时代传播社会主义意识形态、提高网民思想道德修养、营造风清气正的网络环境的重要渠道和载体。因此，要深刻把握并充分发挥碎片化的网络意见领袖客体的思想政治教育价值和社会主义意识形态价值，积极探索以网络意见领袖强化社会主义意识形态建设的实现路径。①

开放性的网络空间促进意识形态诠释主体多样化，为网络意见领袖的产生提供话语环境。伴随着新媒体的迅速发展，网络空间意识形态的诠释主体从原来的自上而下的单一化主体，转变为自发的、去中心的多元化主体。人们的信息获取途径从电视、报刊等传统主流媒体，转向微信、微博等大众平台，自媒体、个人、政府等各个主体在网络上具有了平等的话语地位，逐渐形成了一个高自由度、多主体、无监管的网络话语空间。这种高自由度的话语环境，也使得每一个主体都可以成为社会热点新闻的点评者、意识形态的诠释者和传播者，催生了众多的网络意见领袖。个人通过密切关注社会热点，积极参与议题讨论并发表能够引发广大网民共鸣的观点和看法，使自己成为影响他人的活跃分子，扩大个人在网络空间的影响力，成为广大网民心目中能够代替自己表达观点的意见领袖。

更快捷的传播手段加速网络信息的获取、加工和发散，扩大网络意见领袖的影响力、号召力。网络意见领袖是能够借助互联网工具积极主动获取信息、深度加工处理信息、高效传播扩散信息并对网民产生活跃影响的个体或组织。因此，成为网络意见领袖必须经过信息的获取、加工和发散这三个环节，在此过程中快捷的网络传播手段成为必不可少的前提条件。在信息获取环节，网络意见领袖需要借助互联网对纷繁复杂的网络信息进行精准定位和高效筛选，搜寻热点信息的源头，及时跟进事件进度，筛选过滤出真实有效、有助于巩固受众和塑造话语形象的内容，完成信息的选择和收集工作。在信息加工环节，网络意见领袖需要选择自己擅长的领域、突出个人特色地对收集到的一手信息进行深入加工和处理，完成信息的整

---

① 陈永峰. 从围观到行动 从被动到主导：通过网络意见领袖的网络思想政治教育创新[J]. 思想政治教育研究，2021，37（5）：155-160.

理和解读工作。在信息发散环节，网络意见领袖要以外显的表达方式为载体，以高速便捷的互联网为途径，以深刻的思考和独到的分析为主要内容，传播一定的思想和价值观念，通过高效的手段、可信的观点来激发网络受众的共鸣，扩大网络意见领袖的影响力、号召力。

2. 网络意见领袖的特点

意见生成受制于流量崇拜的影响。网络意见领袖的主要活动场域是网络社会空间网，评判其影响力、号召力的关键因素是其意见作品的转发量、点赞量、播放量、评论量、粉丝体量等网络数据，即流量。因此，网络意见领袖为了在扩散意见信息时有效提升影响力和号召力，不可避免地要考虑快速获取网络流量的途径和方法，进而在生成网络意见时自发地遵循互联网信息传播的市场化的规律，被市场裹挟着陷入流量崇拜的怪圈。一方面，意见生成受制于网民的情感价值取向。当网络意见领袖的意见作品与网民的意见、观点、情感在整体趋同时，网民会自发地成为这种意见的拥护者和意见领袖的追随者，网络意见领袖也会敏锐地根据市场风向来生成和调整自己的意见作品。另一方面，意见生成受制于互联网信息消解规律。快节奏的信息更迭使得网络意见在短时间内就会被网民消解遗忘，网络意见领袖不得不通过更加活跃的网络参与、更高频次的发声表态来增强自己的粉丝黏性、巩固自己的网络话语地位。在此过程中，由于短时间高频次的发言表态和对网民想听什么的过度重视，导致网络意见领袖在意见生成时往往容易缺少思考，忽视其引导正确网络舆论走向、传播社会主义意识形态观念的社会责任。

意见内容呈现出价值多元化。高自由度的网络话语环境，使得每一个网络意见领袖都可以成为思想的传播者和意识形态的诠释者。然而各主体受其生活环境、教育背景和价值取向的影响，表达过程中不可避免地植入个人取向和利益诉求，在当前不完善的监管制度下，这无异于为其他意识形态的渗透大开方便之门，因此网络意见领袖所表达的意见内容天然地体现着主体本身的价值倾向,渗透着其他意识形态的思想观念。同时由于我国社会主义意识形态教育和网络思想政治教育无法快速适应当前网络形式,在引导正面思想和驳斥负面言论时出现迟滞或效力不足的情况,部分缺乏辨识力的网民在众多网络意见领袖营造出的多元化的网络价值环境中迷失自我,甚至对主流意识形态产生怀疑或抵触心理。最终导致社会主义意识形态被其他多元化的意识形态挤占网络话语空间,进而陷入"失语""失声"的境地,马克思主义在网络意识形态领域的主导地位受到威胁,引导力和权威性被削弱。

意见输出具有强话语吸引力。首先,部分网络意见领袖在现实场域中的身份为专家学者、优秀媒体人、各界成功人士等高学历群体,他们在各自的专业领域内积累了深厚的理论知识和丰富的实践经验,能够以专业领域为切入视角对社会事件进行理性深入的分析和评价,凭借其理性可靠的意见输出获得广大网民的关注、喜爱和信任,借助高知身份和专业能力增强话语的说服力。此外,网络意见领袖所关注的社会热点事件本身就自带流量话题,加之其在进行意见输出时贴近网络群体、抓住网民的情感偏向,用网民愿意听到的有感染力的话语唤起他们的心理共鸣,利用热点议题和个人情感增强话语亲和力。最后,网络意见领袖在输出意见信息时所使用的并非传统思想政治教育的学理性、规范化的话语形式,而是遵循网民的话语习惯,采用了更加符合网络环境的"网言网语",同时利用图像、视频、音频、VR等技术,创新意见表达形式增强话语吸引力。

3. 网络意见领袖的社会主义意识形态价值

网络意见领袖能够借助信息优势深化感性认同,增强意识形态引导力。传统的社会主义意识形态教育多通过自上而下的灌输完成,然而尽管我国对社会主义意识形态的宣传教育已经覆盖了从学校到社会、从现实到网络各个领域,但仍有很大一部分人或对马克思主义相关内容熟视无睹，或参与了相关理论学习却未能入脑入心。社会大众对意识形态的认同更多的是客观合法性认同，缺少心理上的情感认同。而在网络空间，网络意见领袖虽然不能直接控制网民的思想观念，却可以凭借其信息优势，在处理重大网络舆情、应对社会公共事务时通过对网络信息的选择、整理和解读，以贴近网民话语习惯、迎合网民情感偏好的方式提出和扩散优势意见，深化网民对意识形态的情感认同，通过在网络上的频繁亮相和持续发声来传播特定的思想价值观念，影响网民的思维方式，引导舆论走向和网络意识形态走向。①

习近平总书记强调："思想政治工作要因事而化、因时而进、因势而新。"② 网络意见领袖能够贴近受众群体改善诠释方式，提高意识形态吸引力。网络意见领袖在诠释社会主义意识形态时坚持从受众的角度出发，贴近广大网民群体，选择合适的话语方式，将意识形态的"硬思想"转化为受众更易理解和接受的"软文本"，通过逐渐浸润的方式传播社会主义意识形态，提高意识形态的吸引力。一方面，以理性化的诠释提升权威性。网络意见领袖及其网络意见的吸引力主要来自他们对社会公共事件、热点新闻的深入解读和独到分析，通过提供看似理性的意见指引，建立起网络意见领袖在网民群体中值得信赖的权威地位，借助网络意见领袖的权威可以使社会主义意识形态完成统一思想观点的工作。另一方面，以感性化的表达引起共鸣。网络意见领袖可以借助社会公共事件，将社会主义意识形态的主要内容引入生活化的议题讨论中来，通过感性的话语和方式表达蕴含特定意识形态价值导向的思想和观点，

---

① 方世南，徐雪闪. 网络意识形态安全中意见领袖作用研究[J]. 南京师大学报（社会科学版），2019（1）：87-96.
② 习近平. 把思想政治工作贯穿教育教学全过程开创我国高等教育事业发展新局面[N]. 人民日报，2016-12-09（1）.

满足网民的心理需求和情感倾向，激发网民的情感共鸣和价值内化。[①]

网络意见领袖能够善用网络优势加速意见扩散，提升意识形态传播力。网络意见领袖是信息传播链条的源头和核心，直接影响着这一信息传播链条的下端其他环节，影响着信息传播的手段和工具，善用这一网络优势能够有效加速意见扩散，提升社会主义意识形态传播力。一方面，善用网络传播路径引导群众入场，促进信息的层层扩散。网络意见领袖大多有其关注的特定领域，通过持续性发布与该领域相关的独到见解吸引到一批具有相似情感偏向和意识形态偏好的网民群体，形成以网络意见领袖为中心的或大或小的网络圈层。从传播路径来看，每次信息的传播首先经由网络意见领袖传递给圈层粉丝，通过相似的思想、意见和感受吸引圈层网民从围观到下场，随后这些信息将经历几何式倍增的速度向圈层外迅速扩散，犹如石子落入水面，制造出一层一层的信息涟漪推展开去。另一方面，善用网络传播平台改善宣传手段，实现信息的深度影响。网络意见领袖将特定的意识形态渗透进门户网站、论坛、微博、微信等各类网络社交平台，通过发帖、配图、直播、视频剪辑的各类新型网络传播手段，拓展信息的传播深度，增强信息的影响力，提升意识形态传播力。[②]

（二）碎片化的信息内容

社会主义意识形态价值的碎片化信息内容客体主要分为三类，即碎片化的价值信息、碎片化的知识信息和碎片化的舆论信息。把握和了解碎片化的信息内容客体，可以帮助我们更好地适应网络社会发展趋势，做好社会主义意识形态网络宣传教育工作。

[①] 杨慧民，陈锦萍.网络意见领袖建构网络意识形态的逻辑理路及其应用[J].理论导刊，2022（4）：53-58，78.

[②] 陈永峰.从围观到行动 从被动到主导：通过网络意见领袖的网络思想政治教育创新[J].思想政治教育研究，2021，37（5）：155-160.

1. 碎片化的价值信息

在碎片化阅读时代，良莠不齐的价值观点掺杂在阅读内容中，形成了碎片化的价值信息。快节奏的社会生活和便捷的网络工具使碎片化阅读蓬勃发展。随着互联网时代的到来，手机、平板电脑、阅读机等便携电子设备飞入寻常百姓家，基于互联网的快餐式电子阅读逐渐取代传统纸质书籍和报刊，成为当代广大民众特别是青年一代的主流阅读方式，这种方式具有显著的无计划、不连贯、无逻辑等特征，是一种碎片化阅读。互联网的开放性使得各类价值观念多元复杂、良莠不齐。虚虚实实的网络信息不经求证就会被以极快的速度广泛散播，拜金主义、消费主义、功利主义、实用主义、享乐主义、极端个人主义、历史虚无主义等各种良莠不齐的思想意识和价值观念甚嚣尘上、相互碰撞，网络意识形态环境更加复杂化。碎片化的阅读机制导致网民对价值信息的了解泛而不深。互联网上各种碎片化的阅读信息中掺杂了各种各样的价值观，由于碎片化阅读本身的快节奏和不完整性，导致网民虽然广泛接触各类价值思潮，但对其思想的认识都只停留在局部或是表面，无法形成系统深刻的了解，所接收到的也只是碎片化的价值信息。

碎片化的价值信息影响个人价值观念的确立。由于部分网民理性思考和判断是非的能力较弱，面对互联网上纷繁复杂的网络信息很难辨别真假、区分正误。这些碎片化信息中所携带的多元价值观也会对广大网民的身心健康带来影响，特别是面对一些包裹了鲜亮外衣的资本主义价值观念，网民很难做出正确的价值判断，容易迷失在多元价值观的洪流中，受到非主流价值观念的侵蚀。快速发展的物质生活水平与人们落后的思想观念的差距，以及理想信念教育与社会功利现象的落差，导致长久以来我国所倡导的社会主义核心价值体系受到冲击。此外，互联网上碎片化的价值信息带来了许多良莠不齐，甚至是与主流意识形态相悖的价值观念，资本主义意识形态物质至上的观念、享乐至上的消费主义、以结果为导向的功利主义思想大受追捧,动摇了主流意识形态在网络空间的话语权。碎片化的价值信息促使网络思想政治教育创新发展。互联网时代,碎片化阅读是适应网络发展趋势而产生的新事物,具有强大生命力和迅猛扩张性,碎片化阅读给新时代网络思想政治教育工作既带来了挑战也带来了机遇,激发网络思想政治教育发展潜力。碎片化的阅读现象有助于创新开展生活化、常态化的思想政治教育。

要在充分认识和把握碎片化的价值信息的基础上,优化推送内容,改善网络环境,善用灵活手段,加强社会主义意识形态建设。首先,要优化碎片化的价值信息供给,从源头上把控价值信息内容。当今时代互联网上滋生着消费主义、功利主义、个人主义、享乐主义等资本主义价值观念,冲击着主流价值观,新媒体工作者应当坚持正确的政治方向、坚持党性原则,做好供给端的审核和优化工作,提供有思想深度、政治高度、视野广度的优质社会主义意识形态价值信息。其次,要改善网络意识形态环境,从宏观上推动形成良好网络生态。人创造环境,而环境也在影响人,良好健康的网络生态和意识形态环境对于传播健康思想、培育社会主义建设者和接班人具有重要意义,因此要积极推动构建网络信息准入制度,规范网络不良现象,大力弘扬社会主义核心价值观,巩固主流意识形态话语权,营造风清气正的网络生态环境。最后,要善用灵活的碎片化阅读手段,创新意识形态宣传教育路径。工具本身没有意识形态属性,关键要看如何使用它,碎片化阅读本身具有阅读时空的灵活性、网络算法的个性化等优势,善用碎片化阅读的手段传播社会主义意识形态的价值观念,有助于促进社会主义意识形态宣传教育的生活化和常态化。[①]

[①] 王永和,虎牛军.碎片化阅读对大学生价值观的影响及对策分析[J].思想政治教育研究,2022,38(5):146-150.

2. 碎片化的知识信息

碎片化阅读的现实需要、个性化算法的广泛应用、网络信息的井喷式迸发，刺激了碎片化知识信息的形成。首先，碎片化阅读是快节奏生活和互联网发展共同作用下的产物，目的是给读者提供一种能够不受时间、地点干扰快速沉浸其中的速通式阅读体验。这就要求碎片化的知识信息内容要区别于传统知识信息的长篇幅论述、深层次解读、透彻性分析，适应互联网传播需要以短篇幅文案、碎片化内容和浅层化分析在短时间内抓住网络读者的注意力。其次，互联网是具有高交互性特殊信息领域，不同于传统媒体自上而下的单向信息传输，网络领域的受众能够反向选择和过滤意识形态信息，这种过滤往往建立在个人诉求和感性认知的基础上，聚焦在个人感兴趣或者熟悉的领域，本身就带有主观片面性。这就要求媒体依托个性化算法，推送能够满足网民个人喜好的碎片化知识信息。最后，随着新媒体时代的到来，各类网络信息呈井喷式迸发，也为广大人民群众提供了获取知识信息的新渠道，开放性的网络空间和丰富的网络信息资源，催生了纷繁复杂、良莠不齐的碎片化知识信息。

碎片化的知识信息破坏信息内容完整性、干扰知识逻辑生成。碎片化的知识信息，破坏了知识原本的完整性、连贯性、系统性，在二次解读中容易出现歧义和偏差，不利于读者对知识信息的完整把握和正确理解。此外，为了在最短的时间内抓住网络读者的注意力，深奥晦涩的知识内容和深层次的逻辑分析被自然地排除在外，浅层化的知识解读和快餐式的阅读体验，使读者很难产生深入的主体性思考、生成系统的知识体系和逻辑框架。碎片化的知识信息依托网络个性化算法、制造知识信息茧房。计算机推荐算法能够精准捕捉个人在网络上的浏览痕迹，演算个人的兴趣领域、利益诉求和情感偏好，并根据这个数据为他们推荐个性化内容，用大量同质化、狭隘性的碎片化知识信息为网络用户编织一个巨大的网络信息茧茧。① 碎片化的知识信息提供丰富网络信息资源、刺激发散性思维。想要从海量的网络信息中筛选出适合自己的有效信息较为困难，且在此过程中，用户本身正处在发散性思维状态，对周遭各类信息都保持了强烈的探索和求知欲望，计算机推荐算法通过推送个性化、诱惑性的信息内容，引导网络用户在不同主题的信息之间来回穿梭，造成用户注意力的分散。②

如何克服碎片化知识信息的弊端，适应网络化时代特征，加强马克思主义理论和意识形态宣传教育，是社会主义意识形态建设的重要任务。要改进意识形态宣传教育手段，注重培养逻辑思维。短篇幅、碎片化的知识信息具有不连贯、片面化的弊端，但在社会主义意识形态宣传过程中，可以通过少量多次的系列专题形式进行长期更新，构建起逻辑完整的知识信息体系，或选择某一知识体系中的片段化知识观点进行加工创造，以科学严谨的态度和深入浅出的讲解，培养受众的逻辑思维能力和个体思考意识。要增强社会主义意识形态认同，设法打破信息茧房。在大数据编织的个性化信息茧房中，用户很难从固有的信息领域中走出，拓展自己的知识体系，社会主义意识形态争取网络受众变得更加困难。意识形态仅仅依靠外部的观念传输和价值引导将收效甚微甚至很难进入广大网民的视野，要自内而外从根本上引起民众对社会主义意识形态的认同，进而促进个人正确价值观念的养成。要善用网络意识形态信息资源，提高思想宣传效率。互联网上蕴藏着丰厚的社会主义意识形态资源，碎片化的阅读突破了传统阅读的时空限制，大大提高了民众获得知识信息的灵活性和自主性，降低了时间和成本，要善用网络资源，

---

① 王永和，虎牛军. 碎片化阅读对大学生价值观的影响及对策分析[J]. 思想政治教育研究，2022, 38 (5): 146-150.
② 王帅，张雨强. 网络赋能碎片化学习：特征、成因及策略[J]. 成人教育，2022, 42 (8): 21-27.

以高效的知识信息传播助力高效的社会主义意识形态宣传。

3. 碎片化的舆论信息

习近平总书记强调"互联网日益成为意识形态斗争的主阵地、主战场、最前沿"[①]。随着网络化程度的加深，网络空间成了各种思想观点的重要集散地，不同的意识形态和价值观念在这里交锋，舆论战成为国家之间意识形态较量的新方式新手段。网络的开放性和网络信息的流动性，使得互联网上各种思潮多样陈杂、交织起伏，信息的传播主体、传播过程和传播方式都发生了极大的改变，由多元化主体构成的网媒的作用得到了凸显。从世界各个国家、地区的政治动荡来看，不难发现网络媒体在其中发挥了重要作用，他们与一些境外政治势力里应外合，煽动群众情绪，引导街头政治，推动"颜色革命"，给本国的政治稳定和意识形态安全带来了巨大的危害。当前我国意识形态领域仍存在着风险和挑战，资本频频下场引导舆论、境外势力持续开展意识形态渗透，意识形态斗争日趋复杂，任何一件社会舆情处理不好都可能会转化为政治舆情，进而威胁到我国社会主义意识形态安全。在网络化时代，社会舆情事件的舆论信息呈现出源头模糊、内容零散、真假难辨等特点，把握其碎片化特征是正确应对舆情事件、化解意识形态风险的重要前提。[②]

舆论源头碎片化。从舆论的产生过程来看，每一场巨大的舆情事件背后都有其特定的主体源头和信息源头，主体源头即舆情事件当事人，信息源头则是指网络舆论信息的发布者。一方面，舆情事件的主体碎片化。进入互联网时代，随着网络信息传播技术的发展和群体情绪极端化的加深，任何一个现实或网络社会事件如果没能妥善处理，都可能演变

[①] 中共中央宣传部. 中国共产党宣传工作简史：下册 [M]. 北京：人民出版社，2022：736.

[②] 李舒婷，谢晓娟. 基于网络舆论新特点的主流意识形态建设 [J]. 学校党建与思想教育，2023（19）：74-77.

为引爆网络舆论的大事件，因此网络舆情事件的主体具有强不确定性，可能是个人、企业、高校甚至是政府机关，这种碎片化的舆论主体源头，使官方很难把握事件的发生规律，预判舆论的发展走向。另一方面，舆情信息的来源碎片化。一次社会热点事件的发生会引发全国网民的关注，在流量的驱使下各路媒体纷纷下场发布相关信息，这些舆论信息来源广泛、真假难辨，煽动着群众的情绪，影响了广大网民的思考和判断。可见，碎片化的舆论源头使事件的处理变得更加复杂，应当从根源上加强舆论预警、完善信息审核，改进政治回应，在一次次快速有效的舆论事件处理中，坚定广大人民群众对政府的信心，加强社会主义意识形态建设。①

舆论内容碎片化。从舆情的相关信息内容来看，网络舆论信息主要分为四类，一是主流媒体调查后发布的官方通报，二是事件当事人公布的细节经过，三是各类非主流媒体发布的小道消息，四是广大网民对事件的讨论和猜测。除官方通报外，其他几类信息内容都具有相似的碎片化特征，即信息文本较为零散、信息要素不完整，无法客观、完整、合理地还原事件本身。处理重大网络舆情事件，化解网络舆论和政治风险，关键要把握新闻工作的"时""度""效"，碎片化的舆论内容具有突出的实效性，当这些信息客观真实时，能够帮助官方缩短调查时间，在第一时间还原事件真相。在此过程中，主流媒体要及时跟踪事件进度，核实碎片化的舆论信息内容，及时澄清错误言论，第一时间发布权威信息，做好启迪民智和舆论引导工作。

（三）碎片化的传播过程

在社会主义意识形态价值的碎片化传播过程客体中，碎片化的自媒

---

① 范建刚，崔维维. 网络次生政治舆论风险及其规避：基于公共权力与公民权利的关系视角［J］. 湖北社会科学，2021（10）：29-37.

体平台帮助拓宽社会主义意识形态宣传渠道，守好网络意识形态新阵地；碎片化的再加工手段体现了网络信息从发布到发散再到接收的阶段特征，帮助透视意识形态传播中碎片化再加工的弊端；碎片化传播的短、平、快模式帮助适应快节奏的网络传媒环境，改进社会主义意识形态宣传策略和手段。三者彼此关联、相互配合、缺一不可，使社会主义意识形态建设统一于碎片化的传播过程当中。

1. 传播平台：碎片化的自媒体平台

进入全媒体时代，全息媒体、全程媒体、全员媒体、全效媒体已经成为当前网络传媒的显著特征，信息传播从自上而下的灌输变成了网民与媒体的双向对话，人人有权利、有机会发声，人人都可以成为自媒体，互联网成为信息传播最快速、思想交锋最激烈、舆论环境最复杂的领域，人们迫切需求更加平等、更加多元化的网络传媒平台。当前我国已经逐渐建立了各类异彩纷呈、独立分散的自媒体传播平台，按照平台功能可划分为直播平台、视频平台、互动平台、新闻平台、音乐平台等。按用户群体特征又可以划分为主流思想宣传平台，如学习强国；年轻化视频社交平台，如哔哩哔哩、微博；大众娱乐平台，如抖音、快手等。平台类型虽然更加多元，但由于不同平台背后的资本较量，平台之间相对独立分散，甚至可能存在竞争关系，尚未形成也很难形成一个结构完整、层次分明、稳定连贯、统一协调的规范体系。我国的自媒体传播平台格局整体呈碎片化特征。碎片化的自媒体传播平台能够有效拓宽社会主义意识形态宣传渠道，扩大思想覆盖范围，增加话语网络受众。此外，不同平台有其特定的受众群体，有助于我们因地制宜选择合适的宣传方式，提高意识形态的针对性。

在碎片化的自媒体传播平台中守好主流平台。数据化、网络化是时代进步和传媒发展的大趋势，主流思想宣传平台是社会主义意识形态顺应时代发展要求，创新宣传教育途径的产物，要发挥新型主流媒体优势，善用碎片化的主流自媒体传播平台，守好意识形态网络宣传主阵地。一方面，要摆正方向，高举思想旗帜。思想是行动的先导，由于网络的开放性和媒体的自发性，互联网上自媒体或出于个人喜恶或为追求流量，各类观点言论层出不穷，主流思想宣传平台要唱响社会主义主旋律，规范自媒体准入制度，加大内容审核力度，确保平台以正确的思想教育人、正向的价值引导人。另一方面，要深挖富矿，确保内容质量。我国始终坚持将马克思主义基本原理同中华优秀传统文化相结合，深挖中华优秀传统文化资源矿藏和马克思主义理论思想宝库，这是丰富社会主义意识形态思想内涵、保障宣传内容质量的重要前提，碎片化的自媒体传播平台不仅要靠新颖的手段来吸引用户，更要靠思想内涵和优质作品来留住用户。

在碎片化的自媒体传播平台中争取大众平台。大众平台上的庞大用户群体，都是社会主义意识形态需要争取的潜在对象，要充分利用碎片化的大众自媒体传播平台，发挥其用户人群多、使用频次高、社会影响大的优势，使社会主义意识形态融入其中，扩大思想宣传效果。一方面，要顺应时代，改善宣传手段。利用图像、视频、音频、VR等网络技术，使得网络意识形态的诠释变得更加生动。改善社会主义意识形态宣传的话语形式，善于利用网络词汇、网络技术和网络热点，增强马克思主义的趣味性和吸引力。另一方面，要关注情感，增强理论温度。坚持以人为本的宣传理念，引导社会主义意识形态宣传贴近网络群体与青年，聚焦人民的现实利益和需求，发展出切合基本常识的、符合时代特征的新内容，使理论既有深度更有温度，积极推进马克思主义的大众化。[1]

2. 传播手段：碎片化的再加工手段

在信息发布阶段，网络媒体通过再加工手段对信息进行碎片化的解构

---

[1] 徐强. 融媒体时代提升碎片化传播质效探析[J]. 青年记者，2022（10）：70-72.

重组。伴随着互联网的迅速普及，其便利快速的特点和较低的准入门槛使之成为信息传播的特殊通道，激增的网络用户和双向选择的交互性传媒方式，刺激着各类网络媒体如雨后春笋般涌现。网络媒体主要依靠高频次发布特色信息作品来吸引网络用户的追随，在信息发布阶段，一方面，网络媒体的信息来源碎片化。某一社会热点事件的发生会引来众多媒体下场发帖，不同媒体发布的信息内容同质化严重。究其原因，是由于网络媒体的信息来源多为碎片化的二手信息，鲜有媒体进行线下实地调查获取一手资料。另一方面，网络媒体的再加工手段碎片化。不同网络媒体由于其账号定位、受众群体、风格特色不尽相同，针对待发布的网络信息会进行个性化的再加工创作，在此过程中需要对原始信息进行筛选、解构、重组，破坏原有的逻辑框架，拆解碎片化的信息片段。因此，不难发现网络媒体发布信息的过程，实际上是对二手信息进行再加工创造的过程，原始信息经历了多次加工和重组，早已变得支离破碎、面目全非。

在信息发散阶段，广大网民通过再加工手段对信息进行碎片化的转发分享。随着网络空间的拓展、网民群体的扩大和自媒体的发展，互联网上信息源头日益增多，信息交互更加密切，一时间海量的信息在网络上相互交织，网民的转发分享使得这些信息在发散过程中呈现碎片化特征。一方面，无论男女老少都可以成为网络信息的传播者，无数微小个体共同汇聚成了庞大的网络信息发散媒介，各种网络信息井喷式增加，并以零碎分散的形态在网络空间迅速传播。另一方面，人们接收信息并分享转发的过程，是人的主体性参与的过程，被分享的内容是个人主动和思考筛选信息后的结果，网民通过文字转述、拆分节选的方式对信息进行了二次加工。这种庞大的碎片化信息体量和再加工的转发分享结果，使信息在发散过程当中容易受到断章取义或情感偏差的影响，导致二次加工的结果偏离客观事实，错误信息在碎片化发散中被广泛传播，

<<< 第三章　社会主义意识形态价值的客体结构

网络信息更加真假难辨。①

在信息接收阶段，网络读者通过再加工手段对信息进行碎片化的阅读吸收。快节奏的生活和便利的网络条件下，碎片化阅读成了广大群众获得信息和学习知识的重要途径。一方面，快节奏的生活方式把人们的时间切割成了不均等的碎片，现代都市里人们很难有完整的大块时间去深入阅读和思考，碎片化的阅读使人们能够灵活自主的选择阅读时间和地点，提供了一种获取信息的高效途径。另一方面，随着现代信息技术的发展，人们通过网络检索、互动提问能够更加精确、高效地找到特定信息，对信息的个性化需求更好地被满足。在进行这种浅层化、碎片化的微阅读过程当中，由于人们不连贯的阅读体验和碎片化的信息获取，对某一知识或事物所形成的认识和理解很难做到全面深刻，大脑会对不完整部分进行自我完善和二次加工，进而产生理解偏差、逻辑不清等问题。此外，在碎片化的阅读中人们自发地筛选出自己喜欢和需要的信息，排除讨厌、无效的信息，这个选择的过程带有显著的主观倾向，所获取的信息经过了感性和理性判断加工。

3. 传播模式：碎片化的短平快模式

碎片化的"短"篇幅内容。随着生活节奏和信息更新换代速度的加快，人们对网络信息的需求向实用性、短篇幅、时效性转变，低成本、高产量、节奏快、周期短的"短"篇幅网络信息受到追捧和欢迎，短视频、短剧、短文等"短"篇幅阅读兴起，微课堂、微电影等"短"篇幅宣传手段普及，微博、微信等"短"篇幅社交平台发展。这些"短"篇幅内容不受主题、体量、长短的约束，不在乎事件全貌，不掌握系统全局，以结果为导向截取符合实质性利害需求的部分真相进行传播分享，以"细枝末节"的碎片信息和快人一步的传播速度抢占先机，

---

① 徐强. 融媒体时代提升碎片化传播质效探析[J]. 青年记者, 2022(10): 70-72.

匹配当前社会紧张高效的快节奏生活。社会主义意识形态同碎片化的"短"篇幅传播模式相结合，一方面可以对社会热点进行碎片化的理论分析，以短评、短视频的形式解读热点新闻，帮助网民提振精神、清醒头脑。另一方面"短"篇幅宣传内容，更符合现代网络用户借助零碎时间浏览信息的阅读现状，以"短"篇幅、高质量的信息换取高点击、高流量的回报，增强社会主义意识形态宣传效果。

碎片化的"平"实性话语。碎片化传播之所以能够受到广大网民的喜爱和追捧，其生动有趣的"平"实性话语表达和传播方式是重要因素。互联网的一大特点就是开放的网络空间和平等的话语地位，自上而下的单向思想理论灌输已经收效甚微，平时亲切的文风和话语表达形式更能收获网民的认可与支持，这就要求网络意识形态宣传教育放下身段，从受众的角度出发，创新宣传形式和传播手段，拉近同网民的心理距离。要善于利用新媒体传播工具，发挥网络图文并茂、声像并举、形象直观、能动会变的优势，将抽象枯燥的理论知识描绘成形象多彩的生活画卷。要深入开展社会调研，聚焦普通人的真实生活，抛弃"何不食肉糜"的无意义感叹和悬浮性表达，以老百姓的视角和接地气的形式讲好理论故事。要创新话语形式，善用网络热词和流行话语，把马克思主义经典理论讲出时代新意，使社会主义意识形态宣传教育融入网络发展的大环境。[①]

碎片化的"快"节奏传播。内容浅、节奏快、周期短是碎片化的"快"节奏传播的突出特点。首先，碎片化的快餐式信息。现代生活节奏的加快催生了快餐式的网络文化，即新闻报道、视频作品、文字短评等常采用碎片化的叙事方式讲述片段式的信息和观点，网民通过精确化搜索或发帖提问来快速获取信息片段。这种快餐式网络文化大大缩短了信

---

① 杨英. 碎片化传播对高校思想政治教育话语权的挑战及对策［J］. 学校党建与思想教育，2021（10）：61-63.

息获取时间，提高了信息传播效率，但在内容上缺少完整的逻辑链条和深层的思考分析，具有内容浅显化和形式高效化的突出特征。[①] 其次，碎片化的高速度传播。电子通信技术的发展突破了传统媒体的局限性，能够超越时间和空间的束缚实现即时性传播，碎片化信息本身具有思维的跳跃性和内容的片段化，相比传统媒体的系统连贯表达有着明显的"既轻且快"的传播优势，使信息传播速度更快、传播范围更广。最后，碎片化的高频率更新。网络信息的持续激增加速了内容的更新换代，碎片化信息自身不完善、少求证的特点，使其更需要及时掌握事件发展动向对信息进行长期更新和补充，以增强内容吸引力和可信度，巩固网络受众。

[①] 郑冬芳，李进荣. 碎片化语境中社会思潮传播的三维透视 [J]. 内蒙古社会科学，2021，42（4）：167-173.

第四章

社会主义意识形态价值结构的系统

习近平在十九大报告中指出的新时代中国社会主要矛盾的科学论断是对中国社会发展问题的精准把脉，抓住了中国社会的主要矛盾和矛盾的主要方面。这对科学研究社会主义意识形态价值结构和合理评价社会主义意识形态价值具有重要意义。社会主义意识形态价值结构系统由价值主体、价值客体、价值事实、价值评价等有机组成。[①] 社会主义意识形态价值结构系统的要素和要素、系统和要素之间往往具有对应关系，但又不是一一对应的，存在一对多或多对一的情况，即往往是一个价值主体对应多个价值客体，一个价值客体也对应着多个价值主体。价值主客体之间基于"满足需要与否"而构成客观性的价值事实。价值事实往往也是以多种方式存在着。在意识形态价值主客体形成的众多价值事实中，有一个或者两个是主导性的价值事实，其他的都是不具有主导性的意识形态价值事实。

一、价值结构的"关系—系统"学说

社会主义意识形态价值结构系统可以从两个前后衔接的阶段来解读。第一个阶段是基于价值主客体的直接的相互作用关系来解读结构系

---

① 李德顺. 价值论 [M]. 北京：中国人民大学出版社，2007：255.

统。它主要指的是从价值主客体的需要和被需要的关系来论证社会主义意识形态价值结构的关系体系。第二个阶段是基于这种关系体系，再结合价值事实、媒介、环境等要素，形成的基于系统论的一种结构系统观。结构系统观是有意识地把社会主义意识形态价值的主体、客体、介体、环境视作一个有机体系的研究范式。这种结构系统观指导社会主义意识形态价值结构系统的构建，并能动地优化社会主义意识形态价值结构系统。简言之，第一个阶段的价值结构学说是"关系"学说，是一种自发的、自然的、直观的结构关系观点。第二个阶段的价值结构学说是"系统"学说，是一种自觉的、抽象概括的、系统的结构系统理论。这两个阶段是前后相续、依次递进、互相关照的关系。价值结构的"关系—系统"学说是关于社会主义意识形态价值结构系统的上述两个阶段假设的科学总结概括。这里尝试从体系和碎片的辩证关系维度来探讨社会主义意识形态价值结构"关系—系统"学说（本书第三章第一节在论述价值客体中已经论述"意识形态体系"与"意识形态碎片"的概念，这里同样使用这一对概念，故不再重复赘述）。从根本上讲，社会主义意识形态价值产生于无产阶级及其政党对意识形态的客观需要。笔者认为，这个客观需要是在特定社会历史条件下，通过社会主义意识形态的体系与碎片来凝聚和吸引社会成员。要达到凝聚和吸引社会成员[①]的目的，意识形态需要以"意识形态体系"和"意识形态碎片"的辩证统一的方式出现并发挥掌控人心的作用。那么，意识形态体系与意识形态碎片的辩证统一关系内在地规定着意识形态的价值结构系统。

（一）体系与碎片的辩证统一规定系统的逻辑起点

马克思主义认为，历史从哪里开始，逻辑也从哪里开始。社会主义

---

① 冯刚，郭鹏飞. 对意识形态本质的一种解读：以价值观念为中心［J］. 思想理论教育导刊，2013（6）：56-59.

意识形态价值结构系统生成的逻辑起点是社会主义的意识形态体系和意识形态碎片的辩证统一。这种辩证统一的中轴线是意识形态（无论意识形态体系还是意识形态碎片还是两者的结合体）为无产阶级事业和社会主义社会提供思想武器、价值支撑和舆论声援。首先，意识形态体系是社会主义意识形态的逻辑起点之一。意识形态体系是由其构成要素有机构建起来的。繁杂的思想观念只有成为或隶属于先进的科学的人民的"体系"，才可能成为社会主义意识形态。社会主义意识形态是如此，当代中国特色社会主义意识形态更是如此。当代中国特色社会主义意识形态具有巨大的能动作用。它在特定条件下对社会主义经济基础、政治生活产生决定性意义的反作用。[1] 从一般意义上讲，社会主义意识形态能动地作用于资本主义社会以来人类历史的发展进步。社会主义意识形态面对的现实挑战要求社会主义意识形态具有完整性、科学性、系统性，社会主义意识形态承担的历史使命要求它必须以逻辑自洽、颠扑不破的方式呱呱坠地。社会主义意识形态必须能够自我组织、自我优化、与时俱进。这也就在很深刻的意义上规定了社会主义意识形态的逻辑起点之一是某种"体系"。

其次，意识形态碎片是社会主义意识形态的逻辑起点之一。意识形态是现实和超现实的辩证统一，具有现实性和超越性。超越性导源于超验世界，现实性导源于世俗世界。在一定意义上讲，意识形态的超越性和现实性之间存在距离和张力。按照马克思主义矛盾观点，现实与超现实之间通过意识形态实践发生梯度性的渐进联系，这构成意识形态的一对内在矛盾。这对矛盾恰似磁铁的两极。在意识形态的体系形成之前，意识形态自身必然以碎片的方式汇集、凝聚起来；在意识形态的体系展开之后，意识形态必然演绎、弥散为某种碎片。社会主义意识形态的演

---

[1] 何顺果. 关于历史决定论问题 [N]. 光明日报，2005-10-25 (6).

进逻辑与意识形态的普遍演进逻辑是一致的。

最后,意识形态体系与意识形态碎片的辩证统一规定了当代中国特色社会主义意识形态价值结构的逻辑起点,同时也表明意识形态价值结构"关系—系统"学说的逻辑起点。碎片和体系互以对方为参照物,互为对立面而存在。没有离开意识形态体系而存在的意识形态碎片。同样,也没有离开意识形态碎片而存在的意识形态体系。对于社会主义意识形态价值实现来讲,需要体系的碎片化,也需要碎片的体系化,更需要保持体系和碎片之间的张力。在一定意义上,意识形态体系和意识形态碎片之间的张力表征意识形态的现实性和超越性之间的张力。各种"见解只有在参与社会存在本身的冲突的过程中才可能变成意识形态。所有的意识形态无一例外地面临的决定性问题是:Was tun? (做什么?)"[1] 笔者认同上述观点,而且认为意识形态是在参与社会冲突的价值实践过程中逐渐成为社会主义意识形态的。社会主义意识形态的体系和碎片的辩证统一符合时代对意识形态的现实需要,意识形态体系和意识形态碎片的辩证统一满足当代中国特色社会主义意识形态实践需要,构成当代中国特色社会主义意识形态的逻辑起点。

(二) 体系与碎片的辩证统一呈现系统的演进过程

新时代中国社会主义意识形态的演进过程是扬弃各种反社会主义意识形态(如自由主义、极端个人主义和历史虚无主义等社会思潮)的辩证实践过程,更是展现当代中国特色社会主义意识形态价值的实践过程。它表现为意识形态体系和意识形态碎片的辩证的历史的发展过程,是意识形态的"体系"和"碎片"的交替呈现过程。

从理论上讲,社会主义意识形态是社会主义社会中系统化、理论化

---

[1] 俞吾金. 意识形态论 [M]. 北京: 人民出版社, 2009: 296.

的社会意识形式。宗教和政治意识形态①作为意识形态的典型形式，在终极关怀、价值指向、政治属性等方面有着几乎相反相成的一一对应的价值规定性，它们之间的距离在一定意义上表征着意识形态的超越性和现实性之间的张力。社会主义意识形态虽然扬弃了宗教与政治意识形态之间的矛盾，但和任何意识形态一样，还是一个矛盾集合体，甚至是一个不同程度的文化悖论集合体。除了超越性与现实性，当代中国特色社会主义意识形态还集合了主导性与多样性、先进性与普遍性、价值性与科学性、批判性与建设性、民族性与世界性、抽象性与具体性、优越性与服务性、理智性与情感性等矛盾特性。值得注意的是，这可能正是在马克思主义意识形态理论指导下得出的意识形态演进过程的内在逻辑。

该逻辑通过意识形态体系和意识形态碎片两个交替的环节展现出来。一方面，意识形态体系的碎片化是当代中国特色社会主义意识形态的演进环节之一。要发挥社会主义意识形态的诸多功能，实现社会主义意识形态的价值，社会主义意识形态的演进过程必然要以意识形态体系的碎片化作为其演进的主要环节之一。碎片化是时代的存在方式，人的一切都在经历碎片化过程。另一方面，意识形态碎片的体系化是当前我国社会主义意识形态的演进环节之一。现代社会中人与人之间关系的物化和高度发展的职业化分工，把整个社会生活分解为一块块碎片。人们的生活也越来越蜂窝状化，被局限在越来越小的圈子里。"技能的专门化导致了对主体的每一个想象的破坏"②，导致主体失去对社会的整体

---

① 特指具有现实性本质的意识形态。意识形态只能在实践和实物中体现其本质。它只有和现实生活相结合才能获得这种本质。而与意识形态相结合的现实生活主要是政治的现实生活，其形式就是政治意识形态。所以这里使用"政治意识形态"一词。政治意识形态可以看作政治化的意识形态，是意识形态中与政治生活相关的部分。政治意识形态也可以看作狭义的意识形态，与广义的意识形态相对应。它既是意识形态的一种类型，也是意识形态的典型内容和形式的集中体现。
② 俞吾金.意识形态论[M].北京：人民出版社，2009：225.

理解力和批判力。在市场化、网络化、民主化、个性化的时代潮流中，当代中国特色社会主义意识形态迎来一个自觉体系化的演进环节或阶段。这体现社会主义意识形态的系统化、整体性的发展趋势。意识形态建设要聚焦于现代社会中人群共同体内生意识形态的独特优势和不可取代性，推动自身的创新发展。

体系与碎片的辩证统一是当代中国特色社会主义意识形态的演进方式。当代中国特色社会主义意识形态的演进受到前所未有的冲击和挑战。在一定意义上，这种冲击和挑战就是意识形态体系与意识形态碎片之间的转化、更替、接续不顺畅，出问题了。在资本主义社会，占统治地位的意识形态是资本主义意识形态。客观地讲，资产阶级也力图在资本主义框架内把握意识形态的生成规律、演进规律。他们往往基于资本主义的政治需要，把资本主义的价值观念与科学的价值观念以尽可能生动、活泼、有效的环节或方式捆绑在一起，把资本主义价值观念粉饰成全世界唯一正当的价值观念，将资本主义的某些价值说成是人类的"普世价值"。应当讲，资产阶级的努力是颇有成效的。在抽象的共性的层面上，资本主义意识形态显得与一般意识形态浑然一体、无懈可击。资本主义意识形态在一定程度上获得了一般意识形态的演进环节、演进方式、演进流程。正如郑永年所讲"任何一种文明都是核心价值和共享价值的结合，就是特殊性和一般性的结合。把西方文明视为是普世价值当然有问题，但排斥西方价值也有问题。文艺复兴以来，西方的很多价值例如理性主义等已经融合了中国等东方价值"[①]。从呈现方式上来看，资本主义意识形态恰似双黄蛋、连环雷，具有一定的历史进步性，也具有阶级性、虚假性和复杂性。但资本主义意识形态以碎片化方

---

① 郑永年. 为什么中国需要建设国家意识形态？[N]. 新加坡：联合早报（早报言论），2013-01-29（10）.

式渗透到社会主义意识形态或其他意识形态中的演进方式值得借鉴；资本主义意识形态以体系化方式渗透到宗教、公民教育、通识教育中的演进方式也值得借鉴。我们要从具体的历史的社会实践中来审视资本主义意识形态的演进过程，在科学分析的基础上慎思之、明辨之、批判之、超越之。

实践证明核心理念和标语口号足以展现或部分展现形成发展过程中的社会主义意识形态。而随着意识形态理论和实践的展开，社会主义意识形态逐渐体系化，发展成为科学的意识形态体系。意识形态碎片也就逐渐消融在意识形态体系中了。这个过程是实现意识形态演进的一个重要过程。可以假设意识形态体系在一定时空（主要是意识形态的生成时空）内是一个"价值黑箱""空白体系"，意识形态碎片作为演进环节把"价值黑箱""空白体系"裹挟起来，在这个时空内成为意识形态的主要演进方式。也可以假设意识形态碎片在一定时空内是一些"封闭的原子"，或零星破碎的"附属物"，意识形态体系作为演进环节把"封闭的原子""附属物"裹挟起来，在这个时空内成为意识形态的主要演进方式。这类假设早已被历史证明，是完全成立的意识形态的演进方式。当代中国特色社会主义意识形态的演进环节和方式也符合这一共性或规律。而这个过程能否顺利完成取决于本阶级或集团的思想政治理论工作者的能力和水平，主要是看实现意识形态碎片向意识形态体系演进的能力和水平。

（三）体系与碎片的辩证统一即系统的存在方式

意识形态的逻辑起点、演进环节决定其存在方式。当代中国特色社会主义意识形态的存在方式主要呈现为特定的意识形态体系和意识形态碎片。它们都可以展现当代中国特色社会主义意识形态，都是社会主义意识形态内容和形式的统一。或者按对象人群来讲，意识形态体系更多地被理解为是针对思想政治工作者的当代中国特色社会主义意识形态的价值存在方式，意识形态碎片更多地被理解为是针对广大劳动人民群众的当代中国特色社会主义意识形态的价值存在方式。在当代中国意识形态领域，还存在着形形色色的社会思潮和公众舆论。它们往往具有竞争性和合作性、批判性和软弱性。它们往往以某种意识形态碎片的方式存在着，是附属于或游荡在当代中国特色社会主义核心价值体系周围的价值碎片。

在一定意义上讲，意识形态是或多或少地理论体系化的特殊社会观念。或者说，意识形态是需要理论体系化而又不必要完全精确化的思想观念。过度体系化的意识形态可能会异化为封闭的科学理论（如精致的知识体系）。意识形态需要与科学维持动态张力，以保留其解释弹性。总之，意识形态往往不是精致的科学，是不同程度地规范化（散乱化）、系统化（碎片化）的矛盾体。意识形态面临着且必须面临这样的内在的紧张。在这个意义上，意识形态是对现实生活的"度"的把握，是一种艺术或权术。在笔者看来，意识形态的体系化的程度，或者说意识形态与科学之间的距离和张力现实地以意识形态"碎片"的方式存在着。意识形态碎片展现了意识形态的某些本质，实际上也就是展现了意识形态的某些价值内核。退一步讲，即使是精致的科学也不是滴水不漏的体系，也会基于主体需要而附带一些具有价值意义的碎片。所以，即使价值主体需要意识形态以精致的科学体系的方式出场，也只体现了意识形态的价值性与真理性的统一。这种特殊情况下的意识形态固然是科学体系，但这种意识形态并不因为是科学体系而成为意识形态。科学体系在这里并不是作为完全精确化的思想理论体系而存在的。恰恰相反，因为某种需要，科学体系以价值方式出场才成为意识形态。从这个意义上讲，作为意识形态，看似精致的科学体系已经以逻辑的方式开辟了意识形态的价值发展道路。而要踏上这条道路，意识形态必须从意识形态碎片开始。总之，从价值的角度看，意识形态碎片和意识形态体系一样，都是意识形态存在和发展的现实需要的结果，都是意识形态的重要的存在方式。

完整、成熟的意识形态的存在方式是意识形态体系和意识形态碎片的辩证统一。意识形态体系如果缺乏相应的意识形态碎片作为支撑，就难以在与其他意识形态的竞争和较量过程中脱颖而出，最终只能淡出意识形态的舞台，成为偶然性的零碎念头、灵感，或者最终只能遁入潜意识。同样，意识形态碎片也面临相似的命运。仅仅意识形态碎片不足以完整地系统地展现意识形态，不能持久地展现意识形态的全部内容。无论缺少意识形态体系还是缺少意识形态碎片，特定的意识形态都难以强势存在和永续流传，难以成为具有主导话语权的意识形态。实现意识形态价值的重点就在于要能够实现意识形态体系和意识形态碎片的融通、转换，也就是要既能夺取并稳居意识形态的统治地位又能主导人民群众的价值观念，凝聚和吸引社会成员，成为既崇高又接地气的意识形态。而这本身就构成对意识形态的本质规定。

换个角度来看，一方面，意识形态必然呈现为意识形态体系。意识形态的理论体系化是不断完善、不断发展的过程。作为结果，特定的意识形态体系最终成为夺取并长久居于统治地位的意识形态。意识形态体系展现价值化、科学化、思想化、理论化、体系化的意识形态。另一方面，意识形态必然呈现为意识形态碎片。这是因为意识形态碎片容易渗透并主导社会成员的思想观念。实践证明，意识形态的宗旨律令和标语口号足以展现意识形态的价值本质。通俗易懂和生动活泼的意识形态碎片更易发挥其意识形态功能，实现意识形态价值。而长篇大论的意识形态体系作为政治说词往往冲淡意识形态的功能，不利于实现意识形态的价值。实际上，上述两方面往往是交织在一起的双向奔赴过程，意识形态体系要提炼为更高级别的意识形态碎片，意识形态碎片也要规范为意识形态体系。它们互证互现、互促互进，顺应人民群众的需要和实践而不断地完善、发展，有机地展现意识形态的价值创造和价值实现过程。作为完整的成熟的先进的意识形态，当代中国特色社会主义意识形态的存在方式更是意识形态体系与意识形态碎片辩证统一的典范，完全佐证了意识形态的一般生成规律。

当代中国特色社会主义意识形态的体系或碎片都具有现实的价值指向性。它们彼此相互吸取和借鉴对方的价值实现方式、方法和艺术。实践表明，在东西方文明史上都出现漫长的体系和碎片的共存合一时期，意识形态的体系和意识形态的碎片缠绕在一起谋取共同的利益。这进一步说明现实生活正是意识形态的超越性和现实性之间的张力的价值场域之所在。在资本主义以来的现实生活中，社会主义意识形态在逻辑上以体系或碎片的方式在特定时空中氤氲而生。社会主义意识形态需要与时代、地区、国家、族群、阶级、阶层、团体的意识形态实践需要相适应，在现实生活中发挥作用和实现价值。在这个意义上，当代中国特色社会主义意识形态实践需要规定当代中国特色社会主义意识形态以意识形态体系抑或意识形态碎片的方式出场，规定当代中国特色社会主义意识形态的存在方式。

（四）体系与碎片的辩证统一昭示系统的发展趋势

当代中国特色社会主义意识形态呈现与时俱进、刚柔并济、收放自如的发展态势。社会主义核心价值体系是社会主义意识形态的本质体现。社会主义核心价值观是从社会主义核心价值体系中精炼出来的，它自然也是社会主义意识形态的本质体现。那么，有充足的理由讲，社会主义核心价值体系及其内核社会主义核心价值观都体现了社会主义意识形态的本质，指明当代中国特色社会主义意识形态的发展趋势。笔者把这种发展趋势解读为意识形态体系与意识形态碎片的辩证统一。笔者认为，在一定意义上，社会主义核心价值观是高层次的意识形态碎片，社会主义核心价值体系是意识形态体系的典范。那么，当代中国特色社会主义意识形态发展态势可以解读为意识形态体系与意识形态碎片的辩证统一。

　　直观地看，当代中国特色社会主义意识形态的发展趋势由国家、社会和个人对社会主义意识形态的现实需要所决定。根本地讲，当代中国特色社会主义意识形态的发展趋势是由当代中国特色社会主义的政治、经济、文化、社会和生态发展状况所决定的，是由广大人民群众的根本利益需求及其指导下的实践活动所决定的。所以，实践需要不仅对社会主义意识形态的逻辑起点，而且对社会主义意识形态的发展趋势具有决定性意义。当前，我国对社会主义意识形态有着进一步体系化的需要，所以体系化必然成为我国社会主义意识形态的发展趋势之一；我国对社会主义意识形态也有着进一步碎片化的需要，所以碎片化也必然成为我国社会主义意识形态的发展趋势之一。意识形态体系与意识形态碎片的辩证统一是当代中国特色社会主义意识形态的必然发展趋势。

　　需要源自特定的价值主体，源自活生生的人。所以当代中国特色社会主义意识形态的发展趋势是由其价值主体的客观实践需要所决定的。在当代中国，阶级斗争和阶级矛盾在一定范围内、一定程度上存在着，在局部还可能会激烈化。所以在可以预见的未来，社会主义意识形态的发展是在曲折中前进的，是在与形形色色的社会思潮的斗争中发展的。应当看到，阶级主体的实践需要决定阶级意识形态的发展趋势。那么，从长远来看，当代中国对意识形态的需要有没有新变化？我国社会主义意识形态的发展趋势又会如何应变？笔者认为当代中国对意识形态的需要产生了新的变化，我国社会主义意识形态的发展趋势能够成功应变，需要是价值主体的需要。社会主义意识形态价值主体是价值觉醒的主体，是自在自觉自为的主体，它和认识主体、实践主体属于一般主体的不同类型或角色。随着人工智能科技的快速发展，当代中国特色社会主义意识形态价值主体获得越来越高的价值自觉，其对意识形态的需要发生深刻变化。价值主体在意识形态流变过程中实现迅猛发展,举例来说,社会主义新中国意识形态的价值主体是广大的人民群众。人民群众是包含工人阶级、农民阶级和劳动知识分子在内的历史范畴,而且其所包含的阶级和阶层还在分化、聚合、增多。当今中国社会也确实出现了新知识分子、知本家、中产阶层等新的阶级或阶层。作为价值主体,他们提出超越传统的新的更高的意识形态需要,这些需要推动社会主义意识形态向前发展。

最后,笔者强调意识形态碎片在当代中国特色社会主义意识形态建设中具有重要意义。意识形态体系和意识形态碎片辩证统一构成意识形态的完整的成熟的生成规律。在长时期的传统上,人们有意无意地倾向于整体性、系统性、模糊性思维,人们擅长于或倾向于思想理论的系统性构建。所以,国内很多学者用"体系"来界定意识形态,这本大有裨益、无可厚非。值得注意的是,不能因此而忽略或无视意识形态碎片,应当充分发挥意识形态碎片的不可替代的现实作用。随着时代和社会的进步发展,中国特色社会主义意识形态迎来新的发展契机,其发展趋势出现新的情况。面对这些新情况,我们党和国家提出的社会主义核心价值观、中国梦、美好生活、城市精神,融媒体中出现的央视频、哔哩哔哩、抖音、快手、小红书等新媒体,在一定意义上,都是为了通过实现意识形态体系与意识形态碎片的辩证统一来实现当代中国特色社会主义意识形态话语的柔性渗透。以国际视野来看,国外很少有学者用"system"来描述意识形态。这种国内外学术话语的差别原本也事出有因、无可厚非、情有可原,因为东西方的思维习惯和表达方式本就存在这样或那样的差异。国内学界应当注意到东西方在意识形态的思维方式和母语习惯上的差异,这样才能提高社会主义文化的国际话语权和国际传播力,有效应对意识形态问题上的矛盾冲突,避免意识形态领域的消极误判。

二、关系结构模型

按照马克思主义价值论,价值是一个关系范畴,是价值客体及其属性能否满足主体需要以及满足的程度。不能满足主体需要,客体及其属性就没有价值。能够满足主体需要,客体就有价值。满足主体需要的程度越高,客体的价值就越大。需要特别注意的是,客体若不能满足主体需要,反而损伤或者侵害主体,那么可以认为,客体具有负价值。客体对主体损伤或者侵害的程度越深,负价值数值的绝对值越大。价值主体是指人或人群,具有三个层面的含义,即包括个体的人、一群人形成的群体,也包括民族乃至整个人类。价值客体是指价值关系中能够满足主体需要的作为主体对象物的客体及其特定属性。价值客体可以是人、事、物、现象或者它们的特定属性。

这里具体讨论下社会主义意识形态价值关系结构的模型,也就是本章开篇提出的"关系"学说的三种类型。社会主义意识形态价值关系结构是一个复杂的系统。社会主义意识形态价值结构中的关系主要是指价值主体与价值客体的关系。它按照价值主客体关系可分为单一主体和单一客体的关系结构、单一主体和多个客体的关系结构以及多个主体和单一客体的关系结构、多个主体和多个客体的关系结构。一对一的价值关系一般只存在于理论假设中。在社会主义意识形态价值现实实践活动中,价值主客体之间的关系往往是多个价值客体服务于一个社会主义意识形态价值主体,或是一个价值客体要素服务于多个社会主义意识形态价值主体,或是多个价值客体要素服务于多种社会主义意识形态的价值主体。

（一）一对一关系模型

一对一关系模型即单一价值主体对单一价值客体的社会主义意识形

态价值关系结构。这是最简单的关系结构，当然也可能是各种意识形态价值关系复杂表象的内在逻辑关系。这一模型体现了价值客体自身功能满足价值主体需要，从而产生价值的线性关系。这种模型的特点是结构关系是唯一的，不容易受到外界事物干扰而发生改变，因此这种价值关系模型是最常见的、稳定的，即影响最深远、最持久的模型。这种价值关系恰如一个人持有一张身份证，身份证对于人的身份识别价值是独一无二的。

在我国社会主义意识形态价值关系结构中，一对一结构普遍体现为社会主义核心价值观（价值客体）满足个人（价值主体）价值需要的关系结构。党的十八大报告首次明确提出，培育和践行社会主义核心价值观。社会主义核心价值观倡导在个人层面上积极践行爱国、敬业、诚信、友善、富强、民主、文明、和谐，自由、平等、公正、法治价值观念。2017年10月18日，习近平在十九大报告中指出，坚持社会主义核心价值体系，必须坚持马克思主义，培育和践行社会主义核心价值观，"不断增强意识形态领域主导权和话语权，推动中华优秀传统文化创造性转化、创新性发展，继承革命文化，发展社会主义先进文化，不忘本来、吸收外来、面向未来，更好构筑中国精神、中国价值、中国力量，为人民提供精神指引"[1]。从系统论的角度看，党的意识形态主导权得益于社会主义意识形态价值结构具有自组织涌现[2]的结构优势。这个结构优势就是社会主义意识形态价值结构是可创新可进化的，就是根据实际党情国情民情进行意识形态在价值形态上的重构重建，以满足每个社会成员对意识形态价值的现实需求。社会主义意识形态指导青年扣好人

---

[1] 习近平. 习近平著作选读：第二卷［M］. 北京：人民出版社，2023：19.
[2] 乌杰. 系统哲学［M］. 北京：人民出版社，2008：74.

生的扣子,积极把社会主义核心价值观落细、落小、落实。①

用社会主义意识形态武装每个社会成员的头脑,在建设中国式现代化背景下具有尤为重要的现实意义。一方面,社会主义意识形态凝聚每个人的梦想,成就中国梦。中国梦由每个中国人对过上美好生活的梦想凝聚而成。社会主义意识形态塑造每一个中国人的价值观念,引导每个成员做有志气有骨气有底气的中国人。社会主义意识形态能够帮助每个社会成员形成正确的世界观、人生观与价值观,引导每个人找到自身前进的方向、厘清未来发展目标,以成为更好的自己而不懈奋斗。在社会主义意识形态价值关系结构中,社会主义核心价值观作为重要的价值客体,充分发挥自身的功能,以满足每个社会成员的价值观需求。社会主义核心价值观具有强大的道义力量,创造社会主义意识形态的应有价值。社会主义核心价值观能够对社会主义意识形态价值结构中的单一主体产生积极向上的正向价值引导,这有着重要的时代意义和现实意义。这从根本上保证党和国家的社会主义事业后继有人,使社会成员特别是广大青年成员成长为建设社会主义现代化国家所需要的栋梁之材。同时,每个人作为单一价值主体基于自身现实需求,接受社会主义核心价值观的作用熏陶和教化,做出一系列积极的正向反馈。

另一方面,社会主义意识形态消除多元社会思潮的消极影响。历史虚无主义、精致的利己主义、赤裸的拜金主义、短视频深刻地影响了中国人的精神世界。人们迷失在各式各样文化符号建构的文化名利场中不能自拔。侈谈幻想、逐利拜金、价值空心成了少部分年轻人的精神状态写照。随着网络社会的不断发展,互联网作为信息传输、接收、共享的虚拟平台,已经成了人民群众日常生活中不可缺少的一部分,对人民群

---

① 中共中央政治局进行第十三次集体学习 习近平主持 [EB/OL]. 中国政府网,2014-02-25.

众产生了非常重要的价值取向引领与思想观念引导作用。在网络信息的匿名性、开放性、便捷性等因素的影响下，各种各样的信息鱼龙混杂、泥沙俱下，导致人民群众沉溺网络和思想混乱，不良信息容易散布腐朽落后文化，导致人们道德滑坡、突破底线。不少青年群体在网络丧文化的影响下自暴自弃，更有甚者利用网络散布谣言，搬弄是非，危害青年群体树立科学的理想信念。

（二）一对多关系模型

一对多结构即单一价值主体对多个价值客体的社会主义意识形态关系结构或单一价值客体对多个价值主体的关系结构。在这种价值关系结构中，社会主义意识形态的单一价值主体或单一价值客体不仅仅受到某一方面的影响，多个价值客体或多个价值主体往往是同时产生或施加多方面的价值影响。这就要求我们在进行社会主义意识形态的价值结构分析时要进行多方面、多层次、多维度的调查与分析，统筹协调各方面的影响与作用，以达成社会主义意识形态的价值目标为目标。

从单一价值主体与多个价值客体的维度来看，单一的价值主体是每个社会成员，价值客体不仅仅是社会主义核心价值体系及其内核社会主义核心价值观，还包括多种多样的价值观念。社会主义核心价值体系及其内核社会主义核心价值观是社会主义意识形态的重要价值客体，对社会主义意识形态的价值主体产生了深远的影响。习近平强调，"广大青年要从现在做起，从自己做起，勤学、修德、明辨、笃实，使社会主义核心价值观成为自己的基本遵循，并身体力行大力将其推广到全社会去"[①]。无论何时何地，我们都要积极培育和践行社会主义核心价值观，增强"四个自信"。在建设中国式现代化的伟大实践中贡献青春力量，

---

① 习近平在北大考察：青年要自觉践行社会主义核心价值观［EB/OL］.新华网，2014-05-04.

成就有意义的宝贵生命"。

　　多种多样的价值观念对社会成员产生或好或坏或中立的影响。在全球化的时代背景下，西方资本主义国家粉饰了来自西方的意识形态碎片，将一些意识形态操作形象地称为"切香肠"战术，将意识形态渗透美化为所谓的推广普世价值、散布救世观念，这引起了全球范围内的巨大思想政治文化震荡。互联网世界中存在一些高级黑、低级红的短视频、微电影的案例。所谓的"普世价值"有很多内容经不起推敲，需要严肃批判之。同时一些符合社会主义意识形态需要的西方意识形态碎片是能够为我所用的。简言之，对西方意识形态，我们要保持定力和清醒，辩证地审视之、利用之。对那些消极的、不符合社会主义意识形态需要的西方意识形态碎片应该自觉地坚决地抵制，用社会主义意识形态武装价值主体，增强价值主体的文化自信与善恶辨别能力。面对西方无孔不入的、碎片化的意识形态渗透工作，我们应该正面交锋，取其精华，去其糟粕，打造中国特色社会主义意识形态。

　　从单一价值客体与多个价值主体的维度来看，单一价值客体即社会主义意识形态本身，价值主体是广大的中国人民群众，甚至在范围上延展到别国的人民群众、国际友人等。社会主义意识形态作为社会主义意识形态价值关系结构的唯一客体，对多个价值主体具有影响和作用。做好广大人民群众的意识形态工作，是建设中国式现代化、建设社会主义现代化强国的内在动力源泉，对实现中华民族伟大复兴、全体人民共同富裕具有举旗定向的重要意义。同时，社会主义意识形态作为服务于人民的理论体系，其目的是与广大人民群众的需求高度契合并引导人民群众的需求和行为，为政权的合法性、合理性、正当性提供辩护，最终维护人民的福祉和利益。

　　人民群众是包含着工人阶级、农民阶级和社会主义知识分子在内的政治性群体。随着时代的不断发展变迁，人民群众的内涵也在变化发展。在人工智能时代，当代中国社会成员中产生了诸如网络主播、用户增长运营师、云网智能运维员、智能制造系统运维员等新职业从业者。① 社会形成新知识分子、中产阶级等新兴的阶层成员，他们是广大人民群众的一分子，都是社会主义意识形态的价值主体。那么，多样价值主体的需求是具有复杂性的。不同价值主体既有高层次的需求，也有低层次的需求；既有积极向上的需求，也有消极落后的需求；既有近期需求，也有长远需求，这构成了社会主义意识形态价值主体需求的多样性，这就需要社会主义意识形态进行统筹兼顾、正确的引导和教化不同群体的内在需求，以实现社会主义意识形态价值关系的一对多模型乃至多对多模型的构建和运行。

社会主义意识形态价值关系结构中的单一客体对社会主义意识形态中的多个价值主体产生了积极正向的价值引导，发挥出了价值客体的正向功能，满足了多元价值主体的思想、认知、情感、意志、信仰、动机、行为等需要，产生了社会主义意识形态的应有价值。这价值就是凝聚思想力量，构建政治认同、文化认同，促进人类命运共同体文化的发展与弘扬。社会主义意识形态价值关系中的多个价值客体对单一价值主体同样施加了一定的积极影响。社会主义意识形态体系以及社会主义意识形态碎片与来自外部国家的意识形态体系和意识形态碎片都对单一主体即每个社会成员施加了一定的积极影响。但也需要注意和规范某些意识形态碎片所产生的不良影响与消极作用，取其精华，去其糟粕。正确引导价值客体发挥积极作用，是产生应有的社会主义意识形态价值的关键所在。

（三）多对多关系模型

多对多关系结构即多个价值主体对多个价值客体的关系结构。随着

---

① 人力资源和社会保障部职业能力司.关于对拟发布新职业信息进行公示的公告［EB/OL］.中华人民共和国人力资源和社会保障部，2020-05-11.

解构与建构：社会主义意识形态价值结构　>>>

互联网信息技术的不断发展与全球科技文化相互交流、借鉴进程的发展变化，社会主义意识形态价值结构也随之发生了更加复杂、深刻的变化。这种变化也符合信息技术飞速发展背景下社会主义意识形态价值主体、客体与系统的不断发展变化的实际情况。当今时代社会主义意识形态价值关系的主客体不仅仅保持一对一、一对多或多对一的关系结构，进而在各个纬度、各个层次、各个面向都有了更加深入的相互作用。可以看到，中国特色社会主义意识形态价值供给侧和价值需求侧的关系结构具有复杂性。多方影响力与作用力共同构成了当下社会主义意识形态价值的多对多关系模型。特别是在信息化条件下，社会主义意识形态价值结构系统呈现扁平化、网络状、去中心化的关系结构。

在全球化背景下，社会主义意识形态关系结构的价值主体包括人类命运共同体的构建者、实施者。价值主体由全国人民延展到了各国人民和全人类。对外输出文化软实力已经成了综合国力竞争、展示和发展自身实力的重要途径。价值观念和民族精神越发成了我国与世界各国软实力水平的重要衡量标准。那么，对外输出中国文化中国自信中国形象有助于促进国际社会相互了解、共同进步、合作共赢，同时也是扩大和稳固中国国际影响力的重要途径。中国愿意与世界分享中国经济社会发展的成就，欢迎世界各国搭乘中国发展模式的便车。一系列有优势的正能量的中国制度体现促进世界各国和平稳定发展的中国智慧、中国方案。如新时代中国"统筹谋划推动高质量发展、构建新发展格局和共建'一带一路'，坚持共商共建共享原则，把基础设施'硬联通'作为重要方向，把规则标准'软联通'作为重要支撑，把同共建国家人民'心联通'作为重要基础"①。习近平总书记指出："我提出共建'一带

---

① 习近平在第三次"一带一路"建设座谈会上强调以高标准可持续惠民生为目标 继续推动共建"一带一路"高质量发展 韩正主持［EB/OL］.新华网，2021-11-19.

一路'倡议，旨在传承丝绸之路精神，携手打造开放合作平台，为各国合作发展提供新动力。"① 即中国共产党和中国政府高举和平发展的旗帜，借用古代"丝绸之路"的历史文化品牌，积极主动地发展与沿线国家的经济贸易合作伙伴关系，共同打造政治互信、经济互利、文化包容的利益共同体、命运共同体和责任共同体。中国共产党和中国政府通过对外输出和平友好合作的文化，寻求"一带一路"共建国家之间的友好合作和共同发展，形成双向奔赴、互利共赢的国际合作新秩序，推动构建人类命运共同体。人类命运共同体理念不仅具有经济价值，而且具有制度价值、文化价值，后两者是社会主义意识形态价值的重要组成部分。

在世界经济全球化高度发展的今天，我们越发能感受到人类命运的休戚与共，习近平主席表示，"当今世界，百年未有之大变局加速演进，时代越是向前，高水平对外开放的重要性就愈发突出……制度型开放顺应经济全球化趋势，是一种更高层次的开放。规则、规制、管理、标准等软性基础设施的开放水平和程度，决定着商品和要素流动型开放全面、深入、持久的水平和程度……在推进制度型开放的同时，增强风险防范和应对能力，高效统筹开放和安全，切实维护国家安全。"② 对外传播中国的价值理念，促进文化交流交融交锋，寻求世界各国、各国人民价值认同，增进各方了解，从而促进多方合作共赢，具有重要的意识形态价值。

从社会主义意识形态关系结构的客体来看，社会主义意识形态是具有影响力与作用力的价值客体。社会主义意识形态与中国具体实情相结合，不断发展完善，紧扣时代主旋律主命题，是与时俱进的时代强音。

---

① 高质量共建"一带一路"行稳致远［EB/OL］. 中国政府网，2023-10-12.
② 以高水平对外开放助力中国式现代化［EB/OL］. 光明网，2023-10-26.

在新中国发展的不同历史时期，社会主义意识形态都以先进科学的思想理论体系的方式出现，代表性的思想理论体系有毛泽东思想、邓小平理论、科学发展观、"三个代表"重要思想、习近平新时代中国特色社会主义思想等。社会主义意识形态是在实践中不断创新发展的，在当今时代社会主义意识形态不仅以思想理论体系的方式出现，也以意识形态碎片的形式出现。意识形态碎片的自身特性决定了它逐步进行整合重组，形成相应的意识形态体系。在社会主义意识形态碎片产生到批判继承前人成果形成体系的过程中，社会主义意识形态对人民群众产生了积极影响。

层出不穷的多元价值主体是经济社会发展、价值追求觉醒的必然现象。社会主义意识形态价值结构的多个价值主体都能对不同的价值客体产生或多或少，或积极或消极，或低层次或高层次的价值影响。多样价值主体与多个价值客体形成一系列积极的正向互动，这样就形成多种多样的价值关系。也正是因为价值关系的多样性发展性，才能更好地实现社会主义意识形态价值主客体的功能，从而产生意识形态价值。如果把社会主义意识形态价值结构系统呈现的多对多关系结构形象地以"王"字形系统来命名，那么，现实中社会主义意识形态价值结构是存在超级复杂系统的。社会主义意识形态价值结构超级复杂系统是由多个社会主义意识形态价值结构系统、子系统、要素有机结合成的。这个超级复杂系统可以看作一个正方体魔方。魔方的每一个面是一个"王"字形的面。六个"王"字形的面组成正方体魔方，这形象呈现出"王"字形的社会主义意识形态价值超级结构系统。以正方体魔方的中心为中心，每个面都和相对面形成多对多的对应关系结构。"王"字型魔方体比较贴切地描摹出社会主义意识形态价值结构中极致的多对多结构。

随着时代的不断发展、进步，社会主义意识形态的价值关系结构也在不断发展、升级，由一对一、一对多结构跃升为多对多结构，这也展现出了我国社会主义意识形态价值关系结构研究不断发展、不断进步的真实图景。在全球化发展与人工智能科技变革的今天，我们必须认识到过去简单的、单一的价值关系结构系统已经难以解释当前社会中存在的新问题，多方面、多层次、多维度的主客体都有可能对同一事物产生不同的影响力与作用力。只有继续不断完善、发展社会主义意识形态，输出社会主义意识形态高质量内容，适当扩大社会主义意识形态价值主体，创新社会主义意识形态价值客体，促进主客体形成良性互动的关系，才能创造和实现社会主义意识形态的应有价值。广大的人民群众都信仰马克思主义，高举社会主义意识形态大旗，中国特色社会主义事业才能飞得高、走得远，中国式现代化才能真正创造人类文明新形态。

三、价值结构系统类型

社会主义意识形态价值结构是多个要素、多种结构的有机结合体。这个系统结构在不同政治主张、思潮、流派之间游荡、运行。从分类维度来看，它按照领域可以分为经济价值结构系统、政治价值结构系统、文化价值结构系统、生态价值结构系统、社会价值结构系统。按照结构流程，它可分为价值认知结构系统、价值评价结构系统、价值创造（实现）结构系统。按性质来划分，它可分为积极正面的价值结构系统和消极负面的价值结构系统。按层次来划分，它可以分为信仰系统、理想系统、精神系统、道德系统、法治系统、行为系统等。此外，还可以划分为真实的价值结构系统和虚拟的价值结构系统；作为工具的价值结构系统和作为目的的价值结构系统等。综合来看，社会主义意识形态价值结构系统受到主体需要、客体及其属性、关系结构的影响，社会主义意识形态价值结构系统的形态呈现出两种发展趋势，一种趋势是体系化，另一种则是碎片化，具体展现为耗散结构、平衡结构、可管控结构、混沌结构四种类型。

(一) 耗散结构型

耗散结构理论是指杂乱无序的事物或现象，在持续的外界力量、能量、信息作用下，在远离自发平衡态的条件下，形成新的有序的稳定的结构状态的理论。耗散结构理论是系统科学"新三论"① 的重要理论。耗散结构型是社会主义意识形态价值结构系统的重要类型。耗散结构型是社会主义意识形态价值结构系统的代表性类型，是研究团队对耗散结构理论模型的类型迁移。

构建稳定有序的社会主义意识形态价值结构系统，在习近平新时代中国特色社会主义思想指导下，"增强'四个意识'、坚定'四个自信'、做到'两个维护'，紧紧围绕统筹推进'五位一体'总体布局和协调推进'四个全面'战略布局，坚持稳中求进工作总基调，围绕巩固马克思主义在意识形态领域的指导地位、巩固全党全国人民团结奋斗的共同思想基础这一根本任务，自觉承担起举旗帜、聚民心、育新人、兴文化、展形象的职责使命，把思想政治工作作为治党治国的重要方式，着力固根基、扬优势、补短板、强弱项，提高科学化规范化制度化水平，充分调动一切积极因素，广泛团结一切可以团结的力量，为人民服务，为中国共产党治国理政服务，为巩固和发展中国特色社会主义制度服务，为改革开放和社会主义现代化建设服务"②。

以高校意识形态工作为例。习近平在2017年全国高校思想政治工作会议上的讲话中指出，"要遵循思想政治工作规律，遵循教书育人规律，遵循学生成长规律，不断提高工作能力和水平"，思想政治工作

---

① 系统科学"新三论"是指耗散结构论、协同论、突变论。
② 中共中央 国务院印发《关于新时代加强和改进思想政治工作的意见》[EB/OL]. 中国政府网，2021-07-12.

"要更加注重以文化人以文育人"。① 做好高校意识形态工作需要社会主义先进文化指导和支持。社会主义先进文化为高校意识形态工作提供精神力量。高校意识形态工作为培养社会主义卓越人才和建设"双一流"大学保驾护航。高校更加明确文化育人的价值理念，在不断提高物质生活水平的基础上，注意开发社会主义先进文化教育人、引导人的作用，提高人的精神文化素质。用社会主义先进文化教育和塑造大学师生是文化育人的核心理念。社会主义先进文化具有国际国内比较优势，具有强大生命力，具有光明前景。社会主义先进文化是文化育人的资源宝库，取之不尽用之不竭。要创造性转化和创新性发展中华优秀传统文化，要继承和弘扬社会主义革命文化，要借鉴一切人类优秀文化成果，在国家和社会发展过程中不断萃取出社会主义先进文化。要"深化中国共产党史、中华人民共和国史、改革开放史和社会主义发展史学习教育，利用我国改革发展的伟大成就、重大历史事件纪念活动、爱国主义教育基地、国家公祭仪式等组织开展主题教育，弘扬以爱国主义为核心的民族精神和以改革创新为核心的时代精神"②。用社会主义先进文化强壮社会主义意识形态工作力量。综上所述，高校意识形态工作借鉴社会主义意识形态价值耗散结构系统理论，以文化人，构建稳定有序的社会主义意识形态价值结构系统。

意识形态价值系统结构是可组织可展现的价值系统结构。如高校"三全"育人体系是所有高校从业者的育人体系。"三全"育人主体带给高校师生每个成员以积极鼓励，而不是消极打击。育人体系的存在不以成员觉察或不觉察为转移，成员最好知道"三全"育人体系的存在，

---

① 习近平. 把思想政治工作贯穿教育教学全过程 开创我国教育事业发展新局面［N］. 人民日报，2016-12-09（1）.
② 中共中央国务院印发《关于加强和改进新形势下高校思想政治工作的意见》［N］. 人民日报，2017-02-28（1）.

自觉主动推动育人体系的构建。一方面，要掌握自己的命运，依靠自己的力量；另一方面，要团结其他成员，互助合作，共创共赢，共同进步发展。育人主体应该积极推动社会主义意识形态价值的耗散结构的生成，不应该损害师生成员的利益和发展。

（二）平衡结构型

平衡结构是指社会主义意识形态价值各要素达到稳定的可重复的双向互动状态。它是在制度规范作用下，社会主义意识形态各要素呈现出来的循环互动、不偏不倚、持续发展的状态。社会主义意识形态价值结构系统各要素之间相对平衡的状态要明确以人民为中心的价值理念，要把"以人民为中心"的指导思想以制度的方式来保证、维护。制度安排是对意识形态价值结构系统的科学化规范化程序化设计。增强意识形态价值结构系统的制度安排是为了保证其具有科学依据和标准，具有长期性、流程性和可持续性的价值。制度规范为主客体关系建立与发展提供了规律遵循和科学标准，有利于提高社会主义意识形态工作的科学化精细化水平，保证社会主义意识形态工作可持续高质量开展。

制度规范是理念内化于心、外化于行的重要手段和保障。制度规范是理念的外在体现，理念是制度的内在泉源。要通过理念温暖人心，实现制度的内化于心。要通过良好制度安排来调动积极性，唤起正能量，体现人文关怀，彰显人性光辉，实现理念的外化于行。社会主义意识形态工作平衡结构在于通过平衡系统建立健全意识形态工作长效机制，这往往体现在对意识形态制度的完整性、可操作性、细微处的人本化安排。社会主义意识形态工作制度安排营造良好的制度文化氛围，给予人们适应和自我调节的时间和空间，充分体现社会的价值追求、语言行为、心态习惯和风土人情，增强人们对社会主义核心价值观的价值认同、文化认同、行为认同。在制度层面上，社会主义意识形态工作平衡结构通过内在的明确价值导向、丰富文化内涵、高雅文化品位，关注人们在意识形态价值实践中的价值取向、心理、心力和心态。社会主义意识形态工作平衡结构通过外在的任务目标、运行框架、资源配置、动力系统、评价激励的确立,规范和调整人们在意识形态价值实践中的价值取向和行为习惯,从而提高社会主义意识形态工作的效率、效果和效益。

社会主义意识形态工作平衡结构体现在制度的法治原则,或者说契约精神。制度是规律的外在形式,体现"法律至上、权力制约、公平正义、人权保障、程序正当"的社会主义法治原则。制度遵循党纪国法,特别是《宪法》《关于新形势下党内政治生活的若干准则》《中国共产党党内监督条例(试行)》《中华人民共和国高等教育法》《公共文化服务保障法》等。制度体系分领域具体体现在文化素质教育制度、行政文化制度、监督检察制度、文明行为制度、网络文明行为制度、饮食文化制度等。分流程具体体现在运行管理制度、安全管理制度、监督检察制度、值班考勤制度、预约申请制度、竞赛评比制度、遴选奖惩制度、评价激励制度等。

社会主义意识形态价值结构的平衡状态与其动态发展的状态并不冲突。平衡是相对的、短暂的状态,而运动变化是绝对的、永恒的。社会主义意识形态价值的平衡结构是一种相对平衡状态。这种相对平衡状态是指社会主义意识形态价值平衡结构是有条件的、有参照的、有前提的。平衡状态是动态的,不是静止不变的,也不是绝对的。以中俄关系为例,两国都讲增进政治互信,建立高层的对话沟通机制。中国和俄罗斯保持高度的政治互信,两国建立中俄总理定期会晤机制,促进两国在经贸、投资、能源、人文、地方等领域务实合作发挥了积极推动作用。中俄关系是理性的全天候战略伙伴关系。中国加强同俄罗斯多领域的合作,加强教育、医疗、人文交流。中俄关系是社会主义意识形态价值的平衡结构的典范。

(三) 可管控结构型

社会主义意识形态价值的可管控结构是良性互动可预测可控制的结构。社会主义意识形态价值的可管控状态既包括社会主义国家社会内部良性互动可预测可控制的状态，又包括国际社会中不同国家以及民族地区之间良性互动可预测可控制的状态，即构建人类命运共同体，这是社会主义意识形态价值的可管控结构型的重要内涵之一。社会主义意识形态价值的可管控状态的又一个重要内涵是创新。创新是构建人类命运共同体的核心驱动力，也是社会主义意识形态建设的依靠力量。全世界都在倡导创新，各个领域各个行业都在强调创新的重要，人类社会在创新中构建和完善人类命运共同体。创新是生产力，是现实的力量，也是社会主义意识形态价值结构建设和完善的依靠力量。社会主义意识形态价值结构的创新是建立在一定的结构框架之内的创新，是推动系统结构不断优化、系统要素良性互动的创新。创新是推动社会主义意识形态价值结构优化升级的重要手段。

意识形态价值的最高层次是满足全人类对科学崇高意识形态的需要。在人类命运共同体中，中国和世界各国协商建立共建共享、合作双赢的新制度新秩序，对已有国际秩序进行优化、完善。中国与世界各国找到了共同的制度家园。在更高的层面上找到了中国同世界的命运共通点。中国与世界和时代同呼吸、共命运。中国解决好自己的问题，就为全人类特别是发展中国家人民的生存和发展做出巨大的贡献。进入新时代以来，中国已经为人类文明进步发展和世界发展问题的解决提供中国智慧、中国方案、中国模式、中国成效。中国有能力管理好自己的事情，中国也需要合作交流的伙伴。没有找到命运共通点的时候，中国的命运是"独善其身"，是"自己说了算"。找到命运共同点的时候，中国推动构建人类命运共同体，中国的命运依然是自己说了算，同时要充分吸收世界各国和全人类的意愿。单个主体成员是不能决定命运共同体的命运的，需要各方共同协商决定。

意识形态价值是满足价值主体需要的价值，它具有强烈的目的性，人类命运共同体实际上会是未来五年或者更长历史时期在国际社会中的一个治国理念和治国方略。就是说，在与其他国家交流合作时候，我们不以意识形态划界站队。我们不再以经济指标、经济力量和经济发展来做较量，我们在经济领域的较量中已经取得显著比较优势。我们在经济建设方面已经取得胜利。在这个基础上，我们在文化、价值等领域如何与其他国家特别是发达国家开展外交的合作交流，那就要找到一个共同的契合点，这就是推进构建人类命运共同体的意义所在。这是中国的外交原则，就是要构建人类命运共同体，就是要和平崛起，就是要和平外交、合作外交、互助外交、双赢外交，搭建起人类命运共同体的新型外交关系模式。政治、教育、文化、外交、精神等方面的国家文化软实力具有重要的意义。推进构建人类命运共同体对于提高中国的国家文化软实力和综合国力具有伟大意义。以中美关系为例，作为世界上最大的发展中国家和最大的发达国家，两国之间的合作和摩擦都是存在的，涉及经济、政治、科技、外交、文化、生态、安全等方面。两国求同存异，合则两利、斗则两伤。两国关系对世界的和平与发展，对全人类的合作和共赢具有积极意义，重要的是把两国的矛盾分歧控制在可管控程度。按照马克思主义唯物史观，经济基础决定上层建筑。经济合作应该是推进构建人类命运共同体的重要途径，是可管控结构中的一个重要因素。

（四）混沌结构型

社会主义意识形态价值主客体的混沌关系结构是在一定条件和一定范围内出现的，在物质、能量、信息不均衡不充分的情况下，混沌结构往往会出现。社会主义意识形态价值结构系统呈现出混乱无序、杂乱无章的状态，社会主义意识形态的价值难以实现。主客体混沌结构的出现是客体功能不能满足主体需要的外在表现，一方面是因为对社会主义意识形态价值结构的客体要素功能的开发落后于主体需要的发展,另一方面是因为社会主义意识形态价值结构的客体要素功能与主体需要不匹配。社会性的政治动乱、群体性突发舆情等都是主客体关系混沌结构的表现形式之一。混沌结构可能会逐渐趋于可管控结构,也可能会造成巨大的破坏,它也为我们提供了反思与调整社会主义意识形态价值结构的机会,时刻关注主体需求变化,不断开发客体功能。

社会主义意识形态价值的混沌结构是充满矛盾冲突对抗的结构。2017年8月,俄罗斯和印度在俄罗斯境内举行代号为"因陀罗-2017"的为期11天的首次陆海空三军一体化联合军事演习。这让中国很不安。那么,国与国之间的关系是有序还是无序呢?国与国之间还有没有信任呢?国与国之间又想增加信任又不断有新的小动作小摩擦。在意识形态领域人类命运共同体的建设不会是一帆风顺的、一成不变的。面对现实的利益,往往是各自为政,政治信任危机四伏。加上价值观、思维、习惯的差异,我们讲的命运共同体和别的国家和民族讲的命运共同体是存在差异的。一国不会认同他国强加给自己的命运共同体。西方国家眼中的中国版人类命运共同体是个什么共同体?西方国家自己主张的共同体是个什么共同体?西方世界一度鼓吹中国"威胁"论,那就是他们认为我们不是命运共同体,认为我们对他们的和平安全利益构成威胁了。那我们要了解他们的共同体到底是什么,需要什么,我们怎样才能加入,我们怎样才能不加入。假如西方的共同体是没有章法,是霸道、强盗式的,假如不能从信仰理念入手,那就先从别的方面或领域入手。就是说我们推进构建人类命运共同体也不是说眨眼之间就能实现了的,能推进就尽量推进,能合作就合作,不能合作也不强求。这种有缓冲的、渐进式的推进构建人类命运共同体充分展现了中国智慧。

应对社会主义意识形态价值系统的混沌结构,需要加强价值系统责任理念和协同理念。意识形态工作必须避免战略性误判,规避系统性风险，防范出现结构性问题。社会主义意识形态价值结构系统要严格实施意识形态主体责任制，将各个不同要素的力量协同起来形成合力，统筹调配社会主义意识形态价值结构各个要素，促使主客体由混乱无序关系转变为稳定有序关系。美国为了维护唯一超级大国地位而无所不用其极，可能会做出损人不利己的强盗行为、霸权行径。爱好和平的正义力量要充分运用网络思维、网络框架、网络资源，发挥大数据平台优势和智库智慧结晶，加强现实主体、虚拟主体和多元主体的协同创新，形成强大的命运共同体，共建人类美好家园。社会主义意识形态价值结构系统颠扑不破、绵绵用力、久久为功，适应混沌结构，形成超越混沌结构的有序结构。

在坚持马克思主义立场和价值观的前提下，寻找梳理社会主义意识形态价值结构系统的基础理论、原则、方法、类型和模型是一个大胆的有意的尝试，尝试基于维护国家意识形态安全的原则的本质内涵来把握维护国家意识形态安全的方法的本质内涵。按照现代系统论，梳理维护国家意识形态安全的基本原则和方法，服务于应对多样化社会思潮挑战、维护国家意识形态安全的现实需要。从一定意义上讲，本章内容是中介视域下的社会思潮与国家意识形态安全研究，以"推动构建人类命运共同体"为典型范例，生动探讨社会主义意识形态价值结构系统的构建问题。"推动构建人类命运共同体"命题，彰显着中国在国际舞台上的大国地位、大国担当、大国话语、大国形象，也彰显当代中国在世界舞台上的话语权、责任感和使命感。"推动构建人类命运共同体"既是新时代大国外交的担当，也具有在世界百年未有之大变局背景下的跨国家跨文化气魄下推动世界和平与发展的积极意义。这种积极意义与社会主义意识形态不谋而合。

第五章

社会主义意识形态价值结构的功能

社会主义意识形态涉及社会生活的方方面面。高瞻远瞩的主体作用于包罗万象的客体，主体结构与客体结构于相互作用中形成多元的关系结构。基于结构决定功能，功能反作用于结构的规律，多元结构赋予社会主义意识形态多样功能，多样功能塑造社会主义意识形态的多元结构。社会主义意识形态具有系统性、全方位、多样化的结构和功能，主要包括政治功能、经济功能、文化功能、社会功能和生态功能。社会主义意识形态的多种功能紧密联系，相辅相成。

一、固本强基的政治功能

意识形态的政治价值是意识形态价值的核心内容，意识形态与生俱来的政治属性规定着其具有政治功能。在社会主义社会，无产阶级的政治追求、政治任务、政治原则、政治实践等凭借着统治地位渗透到民众政治生活的各方面。社会主义意识形态作为无产阶级的价值观念，自然地发挥着导向、维护、规范、教育与批判等重要功能，以塑造和实践一定政治价值为目的而构建的政治结构成就了社会主义意识形态固本强基的政治功能。

（一）维护集中统一领导地位

维护统治阶级领导地位是社会主义意识形态在政治领域的结构要

义，也是核心功能所在。马克思和恩格斯指出："一个阶级是社会上占统治地位的物质力量，同时也是社会上占统治地位的精神力量"。① 意识形态是统治阶级维护统治的一种精神力量，社会主义意识形态是保证无产阶级在社会上占统治地位的不可或缺的思想基础。

意识形态作为一种精神力量之所以能够维护统治阶级的政治地位，一方面是由于这种意识本来源于该阶级的阶级实践，与该阶级的历史命运息息相关，并在其逐步实现统治全局的过程中内化成了该阶级成员的基本规则信念。另一方面，意识形态生产及其实践的展开，既是"与物质前提相联系的物质生活过程的必然升华物"，也是"改变着自己的思维和思维的产物"，② 因而对人类历史活动和现实社会实践具有能动性作用。意识形态以其前瞻性和能动性为统治阶级进行进一步阶级实践而提供思想指引。

在当代，政治统治以政治权力的合法性为基础。在政治学上，合法性是以对某种政治共同体、某种权力机构或某种政治秩序的认同意识为基础，使它得到社会上大多数人的普遍承认、普遍尊重而具有的一种合法权威性。政治权力的合法性指政治组织代表全体国民执掌国家最高权力的正确或正当程度。政治组织执政地位的获得和巩固依赖于政治权力合法性的赋予和维护。

在中国，中国共产党始终代表最广大人民群众的根本利益，尊重人民历史主体地位，践行文明、公正、诚信、民主和共同富裕等价值观；追求内涵式发展和高质量发展，把人民群众对美好生活的向往作为奋斗目标，不断提高人民的获得感、幸福感和安全感；建立兼顾公平与效率

---

① 马克思，恩格斯. 马克思恩格斯选集：第1卷 [M]. 北京：人民出版社，2012：178.
② 中共中央马克思恩格斯列宁斯大林著作编译局. 马克思恩格斯文集：第1卷 [M]. 北京：人民出版社，2009：525.

的中国特色社会主义制度，力求实现最广泛、最真实、最有效的全过程人民民主；探索建立与不断完善符合生产力发展要求的社会主义市场经济，坚持对内深化改革和对外积极开放……社会主义意识形态从无产阶级政党的特质和优势、社会主义制度的显著优越性、社会主义建设的伟大实践成就等方面为无产阶级政党的执政地位赋予政治合法性。社会主义意识形态正是因为为政治组织提供了执政合法性的维持和辩护，从而能够维护统治阶级的执政地位。又或者说，维护政治统治总是需要寻求意识形态的支持，从而使得社会主义意识形态自然地具有了维护统治地位的政治功能。

社会主义意识形态不仅在政治上发挥维护统治地位的作用，还对无产阶级政党在社会主义国家的经济、政治、文化、社会、生态、改革、外交、军事、国防等方面发挥统领全局、协调各方的功能作用。重温马克思主义政党建设史，马克思恩格斯在创建和领导无产阶级政党中指出的"实行最严格的中央集权制是真正革命党的任务"①，到列宁在领导布尔什维克党的建设实践中将党中央集中统一领导明确为建党原则之一，再到东欧剧变、苏联解体的深刻教训，历史充分说明集中统一领导对于维护无产阶级政党统治的重要性。而要实现这一目标需要依托社会主义意识形态的力量。社会主义意识形态是无产阶级政党团结全党、凝聚民心的重要思想武器。在社会主义意识形态的指引下，全党上下能够形成高度的政治共识和行动自觉，紧密团结在党中央周围，为实现党的路线、方针、政策而团结奋斗。通过对马克思主义及其创新理论的宣传和教育，广大党员和人民群众认清人类社会发展的客观规律，坚定共产主义信念，增强对党的忠诚度和对社会主义事业的信心。

---

① 马克思，恩格斯.马克思恩格斯选集：第1卷[M].北京：人民出版社，2012：562.

在中国共产党的集中统一领导实践中，社会形成了中国特色社会主义意识形态。在社会主义意识形态的指引下，广大党员和人民群众自觉认同党的路线、方针、政策，积极投身到中国特色社会主义伟大事业中来，进一步增强了党的凝聚力、感召力和战斗力，使得党的领导更加坚强有力。社会主义意识形态以一种宏观的力量维护社会主义国家全局稳定和持续发展，维护执政党在社会主义国家统领全局的政治地位，为加强党的集中统一领导提供了有力的思想保障和内生动力。

(二) 坚定以民为本政治立场

人民群众是社会历史的主体，是历史前进的根本推动者，也是建设具有强大凝聚力和引领力的社会主义意识形态的根本主体力量。社会主义意识形态协调不同阶层的利益，重视满足人民需求，不断凝聚社会力量，以鲜明的人民性而具有筑牢以民为本政治立场的政治功能。

社会主义意识形态承认并重视广大人民群众在社会主义建设中的主体地位。建设具有强大凝聚力和引领力的社会主义意识形态，坚持马克思主义在意识形态领域指导地位是根本。马克思主义是以人民为根本立场的科学的先进的理论。中国共产党作为马克思主义政党，从诞生之日起，就将实现人民解放和幸福作为其不懈的价值追求，始终将全心全意为人民服务作为根本宗旨，始终秉持立党为公、执政为民的执政理念。党将意识形态工作规律与尊重和坚持人民群众历史主体地位相统一，以充分实现人民根本利益和保障人民合法权益为根本考量，把"以人民为中心"的价值理念融入意识形态工作的全体成员、全方位和全过程，一以贯之地坚定以民为本的政治立场。中国共产党的百年史就是社会主义意识形态坚守人民立场不断彰显，并不断赢得广大人民群众支持认同的光辉历史。

社会主义意识形态用党的先进理论武装人民的头脑、引领人民的思想。先进的理论只有被人民群众广泛认可和深刻掌握才能成为推动社会前进的精神动力和物质武器，发挥出理论的强大威力。社会主义意识形态只有内化于广大人民群众的头脑中，才能外化为人们改造世界的现实行动。这一过程不仅体现了理论与实践的紧密结合，也凸显了人民群众在历史进程中的主体地位和创造性作用。因此，一方面，社会主义意识形态深深根植于广大人民群众的生动实践，坚持贴近实际、贴近生活、贴近群众形成创新理论成果，坚持以理服人和以情感人并重，摒弃机械灌输式的说教。另一方面，社会主义意识形态指导并服务于人民群众的实践，以老百姓喜闻乐见、通俗易懂的表达方式提升自身吸引力，潜移默化地滋养和塑造人们的思想和行动，从而赢得群众支持和信任的力量。

社会主义意识形态激发和升华广大人民群众的主体力量，在增进意识形态认同中凝聚价值力量。"思想本身根本不能实现什么东西。思想要得到实现，就要使用实践力量的人。"[①] 社会主义意识形态若脱离了广大人民群众的实践活动，就会丧失群众根基。反之，若切实关注群众利益，重视民生问题，则会凝聚起强大的合力。社会主义意识形态在多元化的社会思潮中发挥引领作用，致力于用党的先进理论匡正人们在价值观念上的偏差，廓清人们在思想意识上的迷雾，满足人们在心理情感上的需求，凝聚人们的广泛价值共识，进而团结起人民的无穷智慧和磅礴力量。

（三）传播社会主流意识形态

在维护集中统一领导地位工作中，对思想领域的绝对领导占据重要地位，而这恰是意识形态功能和生命力的体现。对于意识形态的地位和作用，马克思明确指出："如果从观念上来考察，那么一定的意识形态

[①] 中共中央马克思恩格斯列宁斯大林著作编译局. 马克思恩格斯文集：第1卷 [M]. 北京：人民出版社，2009：320.

的解体足以使整个时代覆灭。"① 社会主义意识形态的形成与发展是在社会主义与资本主义的长期斗争中确立和深化的,两种社会制度的博弈必然伴随着多元化社会思潮的衍生,从而形成主流意识形态和非主流社会思潮两股此消彼长的力量。

从世界政治文明的历史演进来看,在经济全球化、政治多极化、文化多样化、社会信息化深入发展的时代背景中,社会主义意识形态与多元社会思潮竞相角逐的趋势更加明显,对国家政权的影响程度越发深刻。正如"一个政权的瓦解往往是从思想领域开始的","思想防线被攻破了,其他防线就很难守住"。② 如果主流意识形态在思想舆论场中失守,或是思想舆论的引导工作偏离了正确的政治航道,则必然为错误思潮提供可乘之机,使各种负面言论不胫而走,造成群众在思想上的混乱与迷茫,进而导致社会政治统治在思想上的动摇。因此,社会主义国家为了维护政权稳固、有效抵御西方意识形态的渗透与冲击,必须坚定不移地传播和弘扬社会主义意识形态,持续强化主流意识形态的权威地位,并对多样化的社会思潮进行科学合理的引导与治理,以构建健康稳定有序的社会思想大环境。

社会主义意识形态传播主流意识形态以强化自身凝聚力和引领力主要表现在以下几方面。一是坚守主流意识形态阵地,将此作为传播社会主义先进文化、弘扬社会主义核心价值观、宣扬社会主义道德追求的主阵地,不断巩固地位和拓展空间,扩大社会影响力。同时,对非主流意识形态进行精准识别、辩证批判和有力回击,对拜金主义、享乐主义、极端个人主义、历史虚无主义等错误思潮实施最彻底的决裂,依靠主流

---

① 中共中央马克思恩格斯列宁斯大林著作编译局. 马克思恩格斯全集:第30卷 [M]. 北京:人民出版社,1995:539.
② 中共中央文献研究室. 习近平关于社会主义文化建设论述摘编 [M]. 北京:人民出版社,2017:21.

意识形态的真理性和科学性力量揭露谎言，战胜谬误，凭借人民性不断扩大和深化群众基础，使得在群众中得到合法性确立。二是增强社会成员对主流意识形态的认同。我国主流意识形态是以马克思主义为指导，以中国特色社会主义理论体系为核心内容的意识形态，包含以社会主义核心价值观为本质体现的一系列具有中国特色的思想、文化、道德、艺术、价值观等的思想文化体系。增强主流意识形态的认同就是使社会成员对这种思想文化体系形成正确的认知和强烈的情感，并内化为自觉遵守和推崇的价值选择和价值判断、外化为积极拥护和践行的行为习惯。信息化时代背景下，特定思想文化体系受到各类社会思潮的冲击，主流意识形态的权威和认同不断受到挑战。面对这一复杂局面，我们更要突出马克思主义作为"定海神针"的作用，强化社会主义意识形态的引导功能，确保社会主义主流意识形态在意识形态"多样化"的格局中保持"弘扬主旋律"的引领作用。三是推动理论创新与理论武装"亦步亦趋"。科学理论必须与时俱进，随实践发展而创新。马克思主义是科学的世界观和方法论，也是社会主义意识形态的内核和根基。百年来，中国共产党将马克思主义博大精深的科学理论与波澜壮阔的中国革命、建设、改革实践相结合，形成了一系列中国化马克思主义创新理论成果，指导我们取得一个又一个成就。党不仅勇于在实践中进行理论创新，而且善于用创新理论引领生动实践，通过理论学习、理论交流研讨、理论宣讲等多种形式持续推进党的创新理论入脑入心、牢牢扎根，使全党始终保持统一的思想、坚定的意志、协调的行动、强大的战斗力。

总之，社会主义主流意识形态是维护国家主权、政治稳定的"定心丸"，社会主义意识形态只有促进主流意识形态在社会思想领域主动作为、增进认同、与时俱进，才能更好地维护意识形态及国家政权安全。

(四) 坚定社会主义政治认同

政治认同是社会成员对现有政治系统的认肯与接受，是其形成政治信仰、政治凝聚力与政治行动力的关键，本质上是一种政治情感和心理归属感。马克思主义意识形态认同是社会主义政治认同的理论基础。在中国，我们始终坚守马克思主义意识形态理论的价值立场，不断将意识形态问题的研究与中国特色社会主义现代化建设事业的实际相结合，同时汲取中华优秀传统文化的智慧与精髓，从而形成了新时代关于社会主义意识形态的深刻论述。这些论述不仅丰富和发展了马克思主义意识形态理论，更为我们在新时代推动社会主义意识形态建设提供了宝贵的思想武器。

社会主义意识形态通过对公民进行政治理念和政治价值的教育，从而整合公民的思想，引导公民的行为，实现公民对于党和国家意识形态的认同，以期维护社会稳定，达到巩固统治阶级统治的目的。习近平总书记在深刻把握中国国情和历史发展客观规律的基础上，将"四个自信"的树立与新时代政治认同的构建紧密相连。他强调，要通过培育社会成员理性平和、积极进取、开放包容的良好公民心态，筑牢政治认同的社会心理基础，进而为实现中国式现代化建设目标、创造人类文明新形态发展目标汇聚起强大的政治凝聚力。这种政治凝聚力的形成不仅有助于巩固马克思主义在意识形态领域的指导地位，更能有效推动第二个百年奋斗目标的高质量实现和社会主义现代化建设事业的蓬勃发展。

无产阶级政党处于塑造政治认同的核心地位，承担着塑造政治立场、筑牢政治认同的重要使命。公民对于政治对象形成的认知与评价以及自身政治行为规范都不可避免地受到意识形态的影响。公民的政治凝聚力和政治行动力是执政党贯彻本党意识形态理论话语，利用意识形态政治认同功能，通过一系列的教育与引导措施长期熏陶的结果。中国共产党经过百年实践创造了辉煌灿烂的中国特色社会主义事业。进入新时代，党中央习近平总书记形成了马克思主义中国化的最新理论成果，即习近平新时代中国特色社会主义思想。中国共产党带领中国高质量发展，建设中国式现代化。中国人民充分认识到中国的革命离不开中国共产党的领导，中国的建设更离不开中国共产党的领导，对于中国共产党的满意度和信任度不断提升，对党的创新理论的政治认同、思想认同、理论认同、情感认同不断加强，中国共产党成为中国人民衷心拥护的执政党。可见无产阶级执政党在社会主义意识形态的认同整合与筑牢过程中发挥着至关重要的作用。社会主义意识形态成功地塑造了公民的政治认知与行为选择，为社会的稳定与阶级的统治提供了有力的思想保障。

政治认同的形成不能只是无产阶级政党对民众进行价值观念的单向灌输，而是意识形态与作为主体的"人"双向互动的过程，公民群体的政治认同和政治自觉是社会主义意识形态政治认同功能起作用的关键。政治认同是公民对社会主义制度、价值观念和政策主张的接受和认可。在社会主义意识形态的熏陶下，公民逐渐认识到社会主义制度的优越性，理解并接受社会主义的核心价值观，从而在内心深处形成对社会主义的坚定信念。这种信念使公民能够在面对各种挑战和诱惑时，始终保持清醒的头脑，坚定地走社会主义道路。政治自觉是公民在认同社会主义意识形态的基础上，主动投身社会主义事业的建设。这种自觉体现在公民对政治生活的积极参与、对社会责任的自觉承担以及对国家利益的坚定维护。公民通过自身的努力和实践，不断推动社会主义事业的发展，为实现中华民族伟大复兴贡献自己的力量。因此，只有不断提高公民的政治素养和思想觉悟，加强社会主义意识形态的宣传和教育，提升人民群众对于新时代中国特色社会主义思想、社会主义核心价值观、社会主义政治制度和执政党的自觉认同，才能确保社会主义事业不断向前发展，实现国家的长治久安和人民的幸福安康。

二、解放和发展生产力的经济功能

在马克思主义哲学和经济学理论中，意识形态学说与唯物史观的创立密切相关。马克思和恩格斯把"意识形态"作为与"经济形态"相对应的一个重要的分析范畴，把意识形态视为上层建筑的重要组成部分，并指出了它与经济基础间相互作用的辩证统一关系。社会主义意识形态作为服务于维护社会主义经济基础的上层建筑，从思想、制度和行为等多个层面打破生产力发展的桎梏，进一步解放和发展新质生产力。

（一）创新激发新质生产力

生产力理论是历史唯物主义最根本的理论基石，是马克思主义科学理论体系中最重要、最基本的组成部分。马克思和恩格斯在《德意志意识形态》中指出："一定生产方式或一定工业阶段始终是与一定的共同活动方式或一定的社会阶段联系着的，而这种共同活动方式本身就是'生产力'。"[1] 马克思主义生产力理论使我们在社会史上发现生产力的发展规律、认识生产力的作用，为我们认识世界、改造世界提供了科学的立场、观点与方法。随着时代的变迁，生产力的内涵和形态也在不断更新，其最新发展就是新质生产力。关于新质生产力，习近平总书记指出："概括地说，新质生产力是创新起主导作用，摆脱传统经济增长方式、生产力发展路径，具有高科技、高效能、高质量特征，符合新发展理念的先进生产力质态。"[2] 新质生产力是新时代科技革命和产业变革与我国加快转变生产方式、推动经济高质量发展的产物。它代表着先进生产力的发展方向，是推动社会进步的新动力。

---

[1] 中共中央马克思恩格斯列宁斯大林著作编译局. 马克思恩格斯文集：第1卷 [M]. 北京：人民出版社，2009：533.

[2] 习近平. 发展新质生产力是推动高质量发展的内在要求和重要着力点 [J]. 求知，2024（6）：5.

新质生产力的发展意味着技术革命性的突破、劳动者向高素质人才的转变以及生产关系的适应性重构。新质生产力是以科技创新为动力源的生产力，意识形态对技术创新的方向和目标产生直接影响。一改过往更多依靠要素驱动和投资驱动之弊病，新质生产力通过科学研究和技术创新，寻求推动新产品、新工艺、新方法的产生和应用，以高水平科技自强自立为强大支撑力。新技术的产生绝不是自然而然发生的，其发展也并不是漫无目的、不可捉摸、无迹可寻的，它往往是特定历史阶段下一定社会群体期望和需求的实现。而这些期望和需求不可避免地脱胎于某种意识形态，也受到某种意识形态的深刻影响。社会主义意识形态将科技视为第一生产力，同时以无产阶级的共产主义信念规定了科学技术的发展必然是以为人类创造福祉而存在。社会主义意识形态以中国特色社会主义生产资料所有制和社会主义市场经济体制保障和促进新质生产力发展。

社会主义意识形态通过改造劳动者、培养高素质人才，为新质生产力奠定劳动力基础。社会主义意识形态具有鲜明的"主体性"，社会主义意识形态正是通过满足劳动主体的客观需要，提高劳动主体的思维能力、行动能力和劳动素质，从而推动生产力及经济社会发展的。社会主义意识形态能够创造出劳动主体需要的某种"精神产品"，能够直接或间接地提高劳动者的主观能动性，提升劳动者的劳动能力和劳动价值。同时要意识到这种改造是客观的，是不以劳动者的主观意志为转移的。生产力发展要求形成新的质态，从而对劳动者的素质提出了更高要求，社会主义意识形态通过教育提升劳动者的素质，使劳动者以更加积极的态度、更加科学的思想和更加饱满的创造力参加经济生产生活实践，将传统体力劳动者和脑力劳动者的角色进一步提升到战略人才和应用型人才的层面，创造更大的经济效益，支撑和促进生产力发展。

社会主义意识形态及时调整生产关系以适应新质生产力的发展。新质生产力的出现不仅意味着生产力、社会经济层面的变迁，还意味着生产关系、社会制度层面的深刻变革。社会主义意识形态着力处理好政府与市场的关系，充分发挥政府在动员、组织和协调全社会力量方面的优势，为科技成果落地转化提供良好的市场机制保障。通过完善公有制，深化重点领域、关键环节改革，持续深化市场经济基础制度领域改革等为新质生产力发展提供可靠的政治上层建筑保障。

总之，新质生产力是先进生产力的典范，是马克思主义生产力理论的中国创新和实践，充分展现了新时代无产阶级关于社会发展规律的深刻洞察和把握。社会主义意识形态成就新质生产力的衍生并为其蓬勃发展不断扩展社会空间。

（二）夯实共同富裕经济基础

意识形态的根基在经济生活之中，服务于特定统治阶级的利益。社会主义意识形态反映无产阶级的经济利益，目标始终是巩固社会主义生产关系基本性质的巩固，其经济功能的核心就在于能够正确处理经济高效发展和发展成果人民共享之间的动态平衡关系。这一平衡关系的维护，不仅体现了社会主义制度的优越性，更是实现社会和谐稳定、推动经济持续健康发展的关键所在。一方面，社会主义意识形态通过引领社会主义市场经济发展方向，巩固和完善社会主义市场经济，夯实社会主义国家经济基础。另一方面，也是更为重要的，通过完善社会主义公有制，变革劳动产品的分配制度，倡导全体人民共同富裕，为经济基础提供价值支撑。

共同富裕是社会主义的本质要求。新时代"要加强促进共同富裕舆论引导，澄清各种模糊认识，防止急于求成和畏难情绪，为促进共同富裕提供良好舆论环境"[1]。意识形态作为特定的思想观念和价值体系，

---

[1] 习近平. 习近平著作选读：第二卷[M]. 北京：人民出版社，2023：505.

对社会舆论产生深远影响。社会主义意识形态的价值观念直接影响着人民群众对于共同富裕的认识和态度。第一，社会主义意识形态阐明共同富裕的目标导向。作为世界最大的发展中国家，我国仍处于并将长期处于社会主义初级阶段，社会主义意识形态在精准把握国情的基础上将共同富裕的目标结果定位在分阶段地促成全体人民的共同富裕。也就是说，我们要摒弃少数人的富裕、均等富裕等错误观念，在准确把握我国社会发展阶段性特征基础上制定共同富裕阶段性目标，扎实推进实现共同富裕；在缩小地区差距、城乡差距、收入差距中实现全体人民的共同富裕。第二，社会主义意识形态强调共同富裕舆论引导的价值方向。经济的发展不是目的，而是手段。我们坚决批判"见物不见人"的"唯经济论"。社会主义意识形态呼吁精神生活的富裕与物质生活的富裕齐头并进。一方面，坚持以经济建设为中心，坚持和完善社会主义基本经济制度，最大程度解放和发展生产力，以促进经济高质量发展为共同富裕创造物质基础；另一方面，坚持以社会主义核心价值观为引领，发展社会主义先进文化，弘扬革命文化，传承中华优秀传统文化，满足人民日益增长的精神文化需求，加强公共文化事业建设，健全完善公共文化服务体系，不断满足人民群众更高质量的精神文化公共产品和服务供给，为共同富裕创造精神动力。第三，社会主义意识形态规定共同富裕的本质特性。社会主义的共同富裕与西方资本主义国家的福利主义有着本质区别。社会主义的共同富裕根植于社会主义的公平和正义原则，旨在通过社会整体的发展、优化资源配置、完善分配制度，实现经济社会的全面进步，使全体人民共同享有经济发展的成果。西方福利主义实质是资本主义制度下缓和社会矛盾的局部改良措施，对个人和社会而言都是不可持续的。社会主义意识形态始终坚持人民主体地位，发展依靠人民，发展成果由人民共享，既通过宏观调控让改革发展成果惠及每一个人，又强调通过辛勤劳动、诚实劳动、创造性劳动来实现共同富裕，鼓励勤劳创新致富，有效防止我们掉入福利主义的陷阱。

（三）建立合理和谐经济关系

经济是指社会再生产过程中生产、交换、分配、消费等环节的总和。在这个过程中，经济主体之间的交往，形成各样的生产关系、交换关系、分配关系、消费关系等，它们统称为广义的生产关系，也即经济关系。在物质生产的各环节中，人与人之间形成的经济关系错综复杂，形成了一套多维度的生产关系体系。在这一体系中，生产资料所有制起决定性作用，是整个生产关系的基础。具体而言，生产资料的所有权决定了在生产过程中，谁拥有主导权力与优势地位。这种主导地位使得生产的最终目的是满足生产资料所有者的社会性需求。此外，生产资料所有制还决定了劳动过程中和分配过程中人与人之间经济关系的性质。从经济学的角度来看，一个社会的本质特性往往通过其生产资料所有制的形式来揭示。在社会主义社会中，生产资料主要以全体劳动人民共同所有和支配的形式存在，这决定了劳动人民在生产中是占主导地位的。社会主义社会的所有生产都应该是以满足劳动者的需求而进行的。因此，推动所有制变革，处理好劳动者之间的经济关系颇为重要。

社会主义意识形态影响生产力和生产资料所有制度的变化发展，推动生产关系的变革，建立合理和谐的经济关系。从个人层面来说，意识形态对劳动者、对生产关系主体产生动员、引导、激励作用，协调人与人之间的经济关系，从而对所有制度变革产生能动作用。意识形态在生产关系变革中起到根源上的先导作用。首先，社会主义意识形态动员劳动者朝着现存经济制度安排的方向进行经济行动。人们的经济行为是按照自己的价值观念进行的，这正是社会主义意识形态对经济活动主体起能动作用的基础。社会主义意识形态作用于人的感性世界、理性世界直至价值信念，使得人们理解、接受、认可社会经济制度，并动员人们以社会效益作为实现自我经济价值的衡量标准，积极投身满足人民美好生活需要的社会生产。其次,社会主义意识形态引导和约束经济主体的经济行为,使经济活动主体自觉遵守法律法规和道德准则。优秀的意识形态能够提高人们的道德素质和法律意识。社会主义意识形态通过强调公平、正义和诚信等原则,使人们有序参与市场竞争,认同社会分配原则,树立正确消费观念,同时通过教育和内化过程提升人们的内在自觉性,使得人们自觉规避在经济活动中可能出现的为了谋取个人私利而拖集体后腿的机会主义行为。人与人之间讲诚信、讲忠诚、讲良心关系的普遍确立降低了法律执行和制度改革的成本,同时又侧面印证了生产资料公有制的合理性和有效性,推动生产资料所有制的完善。最后,社会主义意识形态激励人们的生产积极性,提升经济主体活力。社会主义初级阶段的基本经济制度是以公有制为主体、多种所有制经济共同发展,从制度层面规定了不同经济主体的地位,在统筹全局的基础上充分调动各方积极性,建立起符合社会主义经济发展规律的合理经济关系。

从社会层面来说,社会主义意识形态对正确处理政府与市场之间的关系起到了重要的指导和调节作用,它基于社会主义的基本价值观为政府与市场之间的和谐共生提供了理论基础和实践指导。一方面,社会主义意识形态强调市场在资源配置中的决定性作用。它认为市场是有效配置资源的基本手段,通过价格机制、供求关系和竞争机制,能够引导资源向效益更高的领域流动,提高资源配置的效率。因此,社会主义意识形态鼓励政府尊重市场规律,尊重市场主体的自主权。另一方面,社会主义意识形态也认识到市场存在失灵的可能性。在某些情况下,市场无法有效调节资源分配,导致资源浪费、不公平竞争和社会不稳定等问题。因此,社会主义意识形态强调,政府应当发挥宏观调控作用,纠正市场失灵,维护市场秩序和公共利益。

(四)赋能市场经济体制优化

马克思认为意识形态经济功能的发挥,主要是依靠作为上层建筑的意识形态与以物质形态而存在的经济基础之间的相互作用来实现的。政治是经济的集中体现，意识形态作为政治的产物其根基必然在经济生活之中，但同时具有相对独立性，服务于并反作用于维护经济基础。意识形态巩固经济基础主要通过以先进科学的价值观念完善特定阶级的经济制度、体制和机制来实现。

先进的科学的意识形态能顺应时代趋势，促进特定阶段经济发展。反之，如果意识形态落后于社会发展需要，则对社会经济乃至各方面起消极作用。在我国社会主义意识形态建设进程中，曾出现对于经济与意识形态之间的关系把握出现严重偏差的现象，单纯强调意识形态的无限性和万能性。比如，过度强调"稳定压倒一切"而忽视经济生产，导致国民经济建设遭到严重冲击和破坏，人民生活水平受到很大影响。又比如，在改革开放时期，以邓小平为核心的党的第二代中央领导集体坚持解放思想、实事求是，总结经验教训，根据当时的时代主题和国际国内形势，重新厘清了经济建设和意识形态的关系问题，果断停止"以阶级斗争为纲"的路线。邓小平科学论述社会主义的本质理论和战略研判社会主义初级阶段的基本国情，明确提出"一个中心，两个基本点"的基本路线；经济体制从"社会主义计划经济"向"社会主义市场经济"转变，科学地把握社会主义意识形态在经济建设领域的发展规律与时代任务。党和国家在社会主义初级阶段的中心工作是团结带领人民发展经济、改善民生，意识形态工作服从和服务于上述中心工作。

社会主义意识形态在制度衍化过程中承担着解释说明新生制度合理性及科学性的任务。制度、规范以及价值导向的确立需要长时期的努力，而与之相适应的意识形态，在随其基础的不断变化中，呈现出过渡性、多样性、交织性和对立性等特点。市场经济的引入会使社会价值取向和评价标准趋于功利化、世俗化和多元化，这对社会主义意识形态塑造正确价值观念、协调经济关系、实现市场经济体制经济效益与社会效益的统一提出内在要求，即要建立起既符合市场经济发展要求又顺应社会主义制度发展规律的意识形态体系。

社会主义意识形态是我国经济领域建设的"指向标"，引领和保障我国社会主义市场经济发展始终朝着社会主义方向前进。社会主义市场经济是将市场调节和计划调节有机结合的社会主义经济体制，是集两者优点于一体的创新制度。一方面，它有效发挥市场经济的优势，通过市场机制提高资源配置效率，通过竞争推动技术创新和管理创新，激发市场主体的积极性和创造力，从而促进经济社会的发展。另一方面，它充分发挥社会主义制度的优越性，使得市场经济不再是单纯地追求利润最大化，规避"见物不见人"的弊端，有助于实现经济社会的持续健康发展。也就是说，社会主义市场经济不仅是一种经济体制，也是一种价值体系。其追求的公正、平等、诚信、创新、法治等价值内核构成市场经济的基本理论和基本原则。社会主义市场经济体制的优越性集中体现在其社会主义性质上，社会主义意识形态对于彰显这种优越性、保证制度朝着正确方向发展、推动制度完善优化起着举足轻重的作用。

社会主义意识形态有效协调效率与公平的关系以赋能优化市场经济体制。由于社会主义制度与社会主义市场经济具有不同的特征，二者"切磋"过程中出现矛盾属于正常现象，这种不适应突出体现在公平与效率两者之间的关系博弈上。要优化社会主义市场经济体制就必须恰当协调公平与效率的关系问题。在社会主义市场经济体制建设初期，我们清醒地认识到基于当时的社会主义矛盾，要保证全体人民齐头并进走向共同富裕是不可能不现实的，于是提出效率优先、兼顾公平的原则，先富带动后富。随着中国特色社会主义进入新时代，为适应社会主要矛盾由"人民日益增长的物质文化需要同落后的社会生产之间的矛盾"转变为"人民对美好生活的需要与发展不平衡不充分之间的矛盾"。我们审时度势提出要把逐步实现全体人民共同富裕摆在更加重要的位置上，更加注重社会公平正义。在扎实推动共同富裕过程中，社会主义意识形态着力改变人们的观念、激发市场主体活力、调整经济关系、完善分配制度，从而赋能市场经济体制优化的同时促进社会公平正义，使得社会主义市场经济呈现出蓬勃发展的局面。

三、凝心聚力的文化功能

（一）铸牢共产主义理想信念

习近平指出："一个国家，一个民族，要同心同德迈向前进，必须有共同的理想信念作支撑。"[1] 共同的思想基础和理想信念是党和人民朝着共同奋斗目标团结一致向前进的根本保证。社会主义意识形态塑造全体人民共同的思想基础和伟大的共产主义理想信念，广泛凝聚社会共识，团结一切可以团结的力量，为实现共同的奋斗目标凝心聚力。

社会主义意识形态倡导树立共产主义理想信念。首先，社会主义意识形态强调集体主义、平等、公正、法治等价值观念，这些价值观念与共产主义理想信念高度契合。通过弘扬这些价值观念，社会主义意识形态能够引导人们树立正确的世界观、人生观和价值观，从而坚定共产主义理想信念。其次，社会主义意识形态作为一种精神力量，具有强大的凝聚人心的作用。它通过宣传思想工作和思想政治教育，能够将广大人民群众团结在共产主义理想信念的旗帜下，形成共同的价值追求和奋斗目标。这种凝聚力是铸牢共产主义理想信念的重要保障。最后，社会主义意识形态为共产主义理想的实现指明道路。社会主义意识形态既是理论体系，也是实践指南。它指导着社会主义建设的实践，彰显着社会主义社会中包含的实现共产主义的现实要素，为共产主义理想信念的实现提供了具体的路径和方法。通过实践的不断探索和创新，社会主义意识

---

[1] 习近平. 人民有信仰民族有希望国家有力量[J]. 党建, 2015 (4): 1.

形态能够不断推动共产主义理想信念的深化和发展。

要深刻意识到，社会主义意识形态所要倡导的共产主义不是虚无缥缈的，马克思主义为共产主义理想信念提供坚实的理论之基。马克思主义深刻洞察了资本主义剥削的秘密，深刻揭示了资本主义社会的基本矛盾及其发展趋势，深刻阐述了人类社会历史的发展过程和规律，为无产阶级和全人类解放指明了根本道路和发展目标。社会主义作为共产主义的第一阶段，其社会意识形态必然担负着为实现共产主义创造条件的任务使命。社会主义意识形态继承和发展了马克思主义的基本原理和理论精髓。一方面体现在科学性上，社会主义意识形态能够通过对自身的否定、超越和创新，做到不封闭、不僵化，为共产主义理想信念的铸牢提供源源不断的动力。另一方面体现在现实性上，社会主义意识形态能够将自身的理论创新作为唯物史观的方法论原则，指导人民群众在具体实践中加以运用，关注社会现实，致力于解决社会问题，从而使得共产主义理想信念的实现具有可行性和可操作性。可见，马克思主义的科学性、真理性和现实性为共产主义理想信念提供了根本遵循，并指导着社会主义意识形态为实现共产主义助力。

（二）引领宣传思想文化工作

宣传思想文化工作是党的一项重要工作，它事关党的前途命运，事关国家长治久安，事关民族凝聚力和向心力。宣传思想文化工作要展现新气象新作为，就必须着力建设具有强大凝聚力和引领力的社会主义意识形态。社会主义意识形态作为宣传思想文化工作的着力点，以强大思想性反哺宣传思想文化工作的政治性和方向性成为其发挥文化功能的内在要求。

社会主义意识形态确保宣传思想文化工作贯彻党的领导。首先，落实宣传思想文化工作的政治责任。旗帜鲜明讲政治是我们党一以贯之的政治优势，强化党的政治建设，强调党对宣传思想文化工作的绝对领导，坚持以党的政治建设为统领，不断提高政治判断力、政治领悟力、政治执行力。其次，加强党对宣传思想文化工作的领导。使得宣传思想文化工作坚持党的领导，服从党的决定，维护党的权威。这一原则确保了宣传思想文化工作始终在党的领导下进行，避免偏离正确的轨道。最后，使宣传思想文化工作始终与党中央保持高度一致，有效传达党的声音，反映党的意志，让党的旗帜在宣传战线高高飘扬。

社会主义意识形态为宣传思想文化工作把握正确价值方向。当前在开放社会的条件下，人们的思想活动的独立性、多变性、差异性、选择性特征日益增强，多元化的社会思潮借助网络信息载体对人们思想的影响不断扩大，导致社会意识的分化和离散，甚至是对思想基础的侵蚀。这对宣传思想文化工作提出了更高的要求。作为人们思想意识的总统领，社会主义意识形态必须对宣传思想文化工作的目标和方向做出明确的规定，即使宣传思想文化工作承担起举旗帜、聚民心、育新人、兴文化、展形象的使命任务。宣传思想文化工作要自觉始终高举马克思主义和中国特色社会主义旗帜，着力做好理论创新和思想武装等方面的工作；做好舆论引导工作，做好凝聚共识、稳固民心的工作；做好立德树人的思想教育工作，做好社会主义精神文明建设、核心价值观培植等方面的工作；做好中华优秀传统文化创造性转化、创新性发展的工作，做好革命文化的继承与发扬的工作，做好社会主义先进文化培育与发展的工作；做好讲好中国故事、传播好中国声音的对外宣传工作。

社会主义意识形态促使宣传思想文化工作者树立大局意识，提高政治站位。宣传思想工作是党进行意识形态工作的重要环节，是党联系群众和宣传教育的重要桥梁和纽带。党的思想主张和方针政策能否被人民群众认可和接受，在一定程度上取决于宣传思想工作是否做到位。在这个过程中，宣传思想文化工作者和党员干部起关键作用。如果工作者自身能力素质差、政治站位不高、大局意识不强，从而导致宣传思想工作不精准、不规范、不深入，对于党和国家事业必然产生弊害。因此，社会主义意识形态强调树立"四个意识"，使广大宣传思想文化工作者和党员干部保持清醒的头脑、敏锐的观察力和鉴别力以及坚定的政治立场，为巩固全党全国各族人民团结奋斗的共同思想基础、不断提升国家文化软实力培养坚实的主体力量。

（三）推动传统文化创新传承

作为人类文明的不可或缺之要素，意识形态是文化的核心组成部分。探讨社会主义意识形态的结构功能，不可避免地会触及文化层面的诸多议题。同理，在论及文化的发展与创新时，意识形态作为文化的核心组成部分和塑造者，其地位与作用亦不容小觑。在功能发挥的过程中，社会主义意识形态与传统文化之间呈现出一种密不可分、相得益彰的关系。这种关系一方面体现在传统文化为社会主义意识形态建设夯实民族根基、提供丰富营养；另一方面体现在社会主义意识形态建设为传统文化创新发展定向把舵、保驾护航。

社会主义意识形态引导传统文化进行时代化的发展与创新。随着全球化的深入发展，文化多元化成为当代社会的显著特征。在这一背景下，如何对待和传承传统文化，如何使其适应现代社会的需要，成为我们必须面对的重要课题。首先，社会主义意识形态发挥正确价值观引领作用。它通过对传统文化的深入研究和梳理，提炼出其中符合社会主义核心价值观的元素，将其作为文化选择的重要标准，对源远流长、包罗万象的传统文化去芜存菁。并引导人们在纷繁复杂的文化现象中辨别真伪、分清是非，抵制和批判落后的文化思想。其次，社会主义意识形态推动传统文化的批判性传承与时代性创新。批判继承的态度，使得传统文化在时代化过程中得以净化和升华。时代创新的立场，使得传统文化不断焕发生机活力，推动传统文化现代化转型，更好地服务于社会主义现代化建设。最后，社会主义意识形态保障传统文化与多元文化之间的良性互动。它尊重不同文化之间的差异和多样性，倡导在文化交流与融合中寻求共同点和互补性，展现以我为主、兼收并蓄、为我所用的姿态。通过这样的文化选择与文化发展过程，社会主义意识形态不仅实现了传统文化在继承中发展、在批判中创新，使其在新时代背景下焕发出新的生机和活力，更为新时代的文化建设注入了新的活力和动力。

社会主义意识形态推动传统文化创造性转化，保证文化建设的正确方向。社会主义意识形态能够促使传统文化发生创造性转化，促使其价值核心与时俱进，但在全球多元文化思潮相互激荡，文化交流与融合日益频繁的情况下，往什么样的方向转化成为需要慎思明辨的课题。社会主义意识形态始终坚持马克思主义在意识形态领域的指导地位，具有鲜明的阶级性和先进性，它强调文化的社会属性和人民性，反对文化领域的西化、分化图谋。这种价值导向规定了社会主义国家的文化建设必须坚守传统文化立场，传承优秀传统文化基因，加强社会主义核心价值观的培育和践行，提高全民族的思想道德素质和科学文化素质，为社会主义事业的繁荣提供强大的精神动力和文化支撑。

社会主义意识形态推动传统文化创新传承以夯实国家文化软实力，增强文化主体的文化自信。意识形态力量承载着文化自信，并影响着我们的文化自信状况。文化是一个国家软实力的集中体现，意识形态作为精神文化的直接反映，是文化软实力的核心要素，对文化发展的性质和方向有着重要的影响。因此，将意识形态与文化自信相统一，在学理上和现实上都具有深刻的意义。社会个体在传统文化的熏陶下其文化涵养不断积淀并深厚到一定程度，成为个体独特的、稳定的、社会性极强的思维方式、价值观念和行为准则，社会主义意识形态能够将这种内在的"固有力量"释放，并与社会力量、政治力量相融合，从而铸就文化主体的文化自觉和自信。进一步说，这种自信并非空中楼阁，而是建立在坚实的传统文化基础和深厚的中华历史积淀之上的。意识形态作为这一基础与积淀的重要载体,通过其独特的作用机制,将个体的文化力量转化为社会整体的文化自信。这种转化过程不仅体现了意识形态的强大影响力,也展示了其在文化软实力构建中的核心地位。

(四) 培育现代化优秀建设者

社会主义意识形态在中国式现代化的过程中发挥着至关重要的作用。它不仅保证中国式现代化的社会主义方向,还能够通过塑造现代化优秀建设者来推动这一进程。现代化包括人的现代化,这意味着在推进现代化进程中,人的思想观念和行为方式的转变是关键。意识形态工作本质是从思想上引导人、影响人的工作。培育培养德智体美劳全面发展、具有现代化精神的社会主义建设者和接班人是推动中国式现代化进程、建设具有强大凝聚力和引领力的社会主义意识形态的题中应有之义。

社会主义意识形态培养具备高尚道德品质和强烈社会责任感的公民。社会主义意识形态强调集体主义、爱国主义、社会公德等价值观念,通过宣传和教育使社会主义价值观念深入人心;强调个人对社会的责任和贡献,鼓励人们积极投身社会公益事业。通过培养建设者的社会责任感,社会主义意识形态能够激发他们为社会进步和人民幸福贡献力量的热情,使他们成为具有强烈社会责任感和使命感的现代化建设者。

社会主义意识形态落实立德树人的根本任务。社会主义教育培养什么样的人、如何培养人以及为谁培养人,是关乎党和人民事业发展根本的重大课题。社会主义意识形态从价值引领、制度设计、目标路径等方面为落实教育立德树人这一根本任务提供坚实支撑。其首要就体现在抓住理想信念铸魂这个关键环节。培养能够担当民族复兴大任的时代新人的重中之重就是发挥社会主义意识形态的价值导向和激励功能,以坚定的理想信念筑牢时代新人的精神之基,坚定广大青年对马克思主义的信仰,对社会主义和共产主义的信念,引导广大青年立志为全面建成社会主义现代化强国而奋斗。

社会主义意识形态促进人的自由全面发展。社会主义意识形态强调思想解放的重要性，鼓励人们摆脱传统观念和束缚，敢于挑战权威和旧有秩序。它提倡独立思考、自由表达和创新精神，为人们追求个人的自由全面发展提供了一个宽松、自由的思想环境，社会思想的活跃反过来又助推社会改革进步。同时，社会主义意识形态致力于创造有利于人的自由全面发展的社会条件。它确立人的全面发展的价值目标，强调人的体力和智力、才能和志趣以及思想道德等各方面的全面发展；它宣传先进思想理念，引导人们树立远大理想信念，为人们摆脱旧式分工、私有制剥削和阶级压迫的束缚、实现人的自由发展提供精神动力；它促进社会全面发展进步，强调人与自然的和谐共生，推动人类社会的可持续发展。培养自由而全面发展的现代化优秀建设者是社会主义意识形态永恒的价值目标。

四、疏通引导的社会功能

从现实性上来讲，人的本质是一切社会关系的总和。社会主义意识形态坚持以人民为中心的立场，重视协调人与社会的关系。通过畅通和规范群众诉求表达、分析和研判社会舆情、协调群众利益分配、引领社会风尚，疏通人民思想、引导人民行为，从而让人们更好地投身社会主义现代化建设，有效提升社会治理效能。

（一）畅通诉求表达

畅通诉求表达，是社会主义意识形态深度融入社会机理的体现，也是民主进步的必然要求和社会和谐稳定的重要保障。这一过程不仅仅是信息的简单传递，更是民意、民智、民力在社会主义核心价值体系下的集中汇聚与升华。这一功能主要表现在以下几方面。

以自身包容性保持先进性。社会主义意识形态具有高度的包容性，体现在理论层面，社会主义意识形态在坚持马克思主义基本原理的原则上，吸收和借鉴人类文明的优秀成果，在实践基础上具体问题具体分析，不断形成与时俱进的创新理论。在价值层面，它尊重和保护个体的多样性和差异性，强调在保障社会公平和正义的前提下，实现个人的自由和发展。同时又强调集体利益和个人利益的统一，个人的价值必然是在集体中实现的，注重培养社会责任感和集体荣誉感。在实践层面，能够正视、重视、审视不同阶层、不同利益群体的利益诉求，并制造条件保证及时表达出来，对于合理的诉求及时满足，对于紧迫的诉求立即关注，对于隐晦的诉求仔细揣摩，对于盲目的诉求积极指引。

优化诉求表达机制。在事前拓宽诉求表达渠道，建立健全的诉求表达机制，为人民群众提供畅通有效的表达渠道。包括但不限于完善信访制度、加强媒体监督、推动网络民意表达等方式，使社会主义意识形态能够真实反映人民群众的意愿和呼声。事中完善诉求处理流程，落实责任制，确保诉求能够得到及时、有效的处理。积极主动走入群众，走入群众生活，了解群众真实困难和需求，带着深厚感情主动解决好群众面临的生产生活问题，广泛听取各方面的意见和建议。事后健全反馈机制，进行回访，及时了解群众对诉求处理结果的满意度和意见，从而不断提升联系服务群众的能力和水平，全力维护人民群众合法权益和社会大局和谐稳定。

创新意识形态话语。社会主义意识形态不仅注重拓宽民众诉求的渠道，还注重创新自身表达话语，从而更好地回应民众诉求以及传导自身诉求。要更好地回应民众诉求、传递官方话语，就必须运用群众想用、正在用、喜欢用的话语符号，说出群众想听、愿意听、听得懂的话。打破官方话语"高高在上"的姿态，用接地气的言说方式传播真善美、传递正能量。将理性话语与感性话语相融合，充分渗透情感，注重情感激发，晓之以理更动之以情。如此才能将体现党的主张和反映人民心声统一起来，把坚持正确导向和通达社情民意统一起来，使社会主义意识形态更具亲和力、感染力和说服力。

（二）分析研判舆情

在互联网广泛普及、网络技术迅猛发展的今天，舆情作为公众情绪、态度和意见的总和日益呈现出病毒式爆发、非理性化表达、去中心化传播的特点。舆情是民意的集中体现，因代表共识且能引起广泛共识而对人们的思想观念和价值立场产生巨大的影响。意识形态作为理性社会意识对社会舆情起把控作用。因此，分析研判舆情既是社会主义意识形态重要的社会功能，也是维护意识形态安全的内在要求。社会主义意识形态通过分析、研判、引导舆情达到加强意识形态话语权、凝聚社会认同、维护社会秩序的效果。

首先，社会意识形态分析舆情发生的前因后果以提升工作主动性。社会舆情的发生绝不是简单的偶然性事件，其背后往往蕴含着深刻的社会、经济、文化和心理动因。探求舆情发生的直接或间接原因，如特定事件的触发、信息传播渠道的变革等，以及更为深层次的社会结构和文化心理因素，有助于精准地把握舆情的发生规律，从而能够准确判断舆情变化的走势，及时进行干预和应对。分析舆情对民众思想、生活方式、社会风气等方面的影响，对于调整工作策略、提高意识形态工作的主动性同样具有重要意义。每一次发生舆情，对社会主义意识形态来说都是一种挑战，挑战其应对突发公众性事件的能力，也是一次机会，一次更新、完善、提升自身社会意识引领功能的机会。

其次，社会意识形态判断舆情性质和趋势以把控社会态势。当面对某一事件或现象时，公众会根据自身的认知水平、价值观和利益诉求来进行观点表达、情感表达和立场选择。除了上述主观因素，一个人的倾向还会受到外部势力，如其他主体观点、群体情绪、传播环境等的影响。在复杂的主客观因素作用下，社会舆情往往呈现出对于特定统治阶级而言或正面，或负面，或中性的性质或发展趋势。当有意识的反动势力介入时，原本单纯的社会舆情很容易被操纵和误导。这些反动势力可能会利用民众的疑虑和不满，煽动情绪，制造事端，甚至引发社会动荡。在这种情况下，原本正面的舆情可能会迅速转变为负面，对主流意识形态的认同构成严重威胁。因此，社会主义意识形态必须保持高度的警觉性和敏锐性，时刻关注舆情的动态变化。它不仅要能够透过舆情的现象看本质，分析出哪些是民众自发的、真实的、正常的利益诉求，哪些是被操纵的、虚假的、有害的舆论，还要能够准确判断舆情的性质和发展趋势，及时采取有效措施进行引导和控制。只有这样，才能确保社会的稳定和谐，维护主流意识形态的权威和地位。

最后，社会主义意识形态引导舆论走向以发挥价值引领作用。分析前因后果、把握性质趋势都是为了更好地引导舆论走向。社会主义意识形态通过宣传弘扬，对有利于社会稳定和经济发展的社会舆论大力推广，保证主旋律在全社会奏响，激发民众的凝聚力和向心力；通过对话引导，提供权威、准确、及时的信息和解读，对民众有困难和疑惑的地方释疑解惑，避免民众被误导和煽动，增进民众对政策的理解，把舆论引导到正确的方向上；通过创新传播方式，采用更加生动、形象、易于接受的方式对民众进行引导，增强主流意识形态吸引力。

（三）协调利益分配

追求利益是人类一切社会活动的动因。马克思曾说："人们奋斗所争取的一切，都同他们的利益有关。"[1] 在利益分配过程中，由于各方面的不同，主体对利益的认识、诉求和占有也必然有所不同，当社会机

---

[1] 中共中央马克思恩格斯列宁斯大林著作编译局. 马克思恩格斯全集：第1卷［M］. 北京：人民出版社，1956：82.

制无法恰当处理这些不同时，必定带来利益纠纷。利益纠纷是阶级斗争产生的物质根源。意识形态作为统治阶级的自我意识，体现了该阶级实践动机的利益根源，同时也对该阶级社会成员的利益分配关系起着支配作用。

在阶级社会中，人与人之间、阶级与阶级之间在利益上的对立表现得尤为明显。部分人利益的实现是以牺牲其他群体的利益为代价的，统治阶级利益的现实化是以被统治阶级利益的虚拟化为前提的。但是在社会主义国家，无产阶级具有同其他资产阶级或者其他剥削阶级不同的价值目标。换言之，社会主义意识形态所追求的并不是"为少数人谋利益"，而是为"绝大多数人谋利益"。

社会主义意识形态调节利益分配、协调利益关系的功能主要体现在，一是在进行利益分配时重点关注人们对利益的占有与自己在社会财富创造中的贡献是不是对应的合理的。社会主义意识形态贯彻公平正义的价值理念，在物质利益分配上坚持"按劳分配，多劳多得"的原则，即在生产资料由社会全体劳动者共同占有的条件下，劳动者能且仅能凭借提供给社会的劳动来参与个人消费品的分配，从而最大程度地保障利益分配公平。二是在处理利益关系时注重以实干、包容、奉献理念协调利益矛盾，促进和谐合作。社会主义意识形态考虑到和兼顾到不同阶层、不同方面的利益诉求，分析利益追求的合理程度，引导人们认清正确的利益取向，树立正确的利益观，理顺各种利益关系。这要求党的政策和制度更具有说服力和影响力，只有普遍被人民群众接受，才能增强共同利益目标的认同，从而更高效协调利益关系。利益的主体是人。能否正确处理利益关系，归根结底还有赖于人的素质。因此，社会主义意识形态注重以正确的教育提高人的素质。多劳多得、无私奉献的价值观念并不是与生俱来的，人类作为具有自我意识的生物，不可能自然地对社会利益目标产生认同。此时，教育的作用尤为重要。

总之，协调好利益分配关系是构建社会主义和谐社会的重中之重。社会主义意识形态在协调利益分配关系时，既要注重付出与回报是否对等，又要注重培养人们的奉献精神；既要使自身政策具有强大说服力，又要通过教育提高人们的道德素质，让人们自觉遵从共同利益目标。

（四）引领社会风尚

社会风尚是人们在公共生活与社会交往中产生的社会风气或形成一定的价值倾向。社会风尚是社会意识的体现，是特定社会中道德的感性表现；也会反作用于人们的社会生活，对人们精神生活的实践、社会公德的塑造甚至理想信念的构建产生重大影响，左右着人们对于善与恶、是与非、美与丑的认识。社会风尚具有二重性，消极的社会风尚会对人们的社会生活产生负面影响，而良好的社会风尚则会对社会道德建设产生积极影响，促进社会主义和谐社会的构建，进而成为推动社会革命的强大精神动力。良好社会风尚是全体社会成员共同推崇和倡导的积极向上的社会公德、行为规范和价值观念的集合，是我国社会道德建设、构建社会主义和谐社会的重要内容。

社会主义意识形态把无产阶级的价值观注入文化艺术和哲学社会科学工作中，推动着文化艺术社会科学释放出巨大的道德功能，构建起引领广大人民群众投身于社会主义现代化建设的社会风尚。"在现在世界上，一切文化或文学艺术都是属于一定的阶级，属于一定的政治路线的。"[①] 也就是说，社会主义的文化艺术和哲学社会科学一定是体现无产阶级价值观的，必然自觉促进在社会形成以爱国主义为核心，以集体主义为基础，推崇诚实守信、无私奉献、扶贫济困、勤俭节约、尊师重教等精神的社会风尚。这种风尚，它鼓舞着人们为了民族的解放和社会的进步而不懈奋斗；它不仅体现在个人的行为举止上，更体现在整个社

---

① 毛泽东. 毛泽东选集［M］. 北京：人民出版社，1991：865.

会的风气和氛围上；它让人们在追求个人价值的同时，更加注重集体的利益和社会的责任，形成了一种积极向上、团结奋进的良好氛围。

社会主义意识形态坚持以社会主义核心价值观引领社会风尚。社会主义意识形态以社会主义核心价值观为引领，运用明确的价值导向营造良好的社会风尚，从而充实人们的精神需求，缓解人们的精神焦虑，提升人们的价值追求，凝聚人们的价值共识。其中，民族精神反映一个民族在长期共同生活的过程中积淀形成的民族文化、性格、意识、信仰、价值观等共同特质，集中体现一个民族的凝聚力、生命力和创造力，起着维系民族生存和发展的精神支撑的重要作用，是维系民族生存和发展的核心与灵魂。时代精神作为一种集体意识，体现一个时代所特有的精神实质。时代精神往往体现在一个社会的意识形态之中，特指社会意识形态中引领时代潮流、顺应社会发展规律、促进社会生产和发展的积极部分。当前，以改革创新为核心的时代精神不断成长壮大，日益成为支配当代中国社会发展和文明进步的强大精神动力。社会主义核心价值体系是时代精神和民族精神的集合体，必须创造性地运用二者在涵养社会良好风尚方面的重要作用，提高社会文明程度，形成全民推崇和追求良好道德风尚的风气。

五、促进环保的生态功能

社会主义意识形态的政治功能、经济功能、文化功能在历史实践中都得到了充分的印证和发挥，而生态功能处于生成阶段往往容易被忽视。当今，生态环境问题日益凸显，人与自然和谐共生理念逐渐深入人心，人民对于绿色健康生活的目标追求更明显，对于生态产品的需求日益强烈。在推进中华民族伟大复兴伟业中、加速社会主义现代化建设进程中、开创人类文明新形态进程中，社会主义意识形态理应肩负起时代赋予的新使命，强化生态功能，推进生态文明建设。

（一）加速推进美丽中国建设进程

"美丽中国"是中国共产党在第十八次全国代表大会正式提出的执政理念，它强调把生态文明建设放在突出地位，融入经济建设、政治建设、文化建设、社会建设各方面和全过程。2020年9月，中国明确提出"2030年'碳达峰'与2060年'碳中和'"[①] 目标。从十八大正式提出"美丽中国"概念，到十九大确定"美丽中国"为强国目标之一，二十大对推进美丽中国建设做出重大部署。党中央对美丽中国的愿景始终保持高度的关注和坚定的追求。这不仅是党对国家未来发展方向的深思熟虑，更是社会主义意识形态与现实发展、人民诉求紧密结合的生动体现。

社会主义意识形态致力于满足人民对美好生活的需求以实现美丽中国建设的现实旨归。人民日益增长的美好生活需要之一就是对优美生态环境的需要。环境就是民生，良好生态环境是最普惠的民生福祉。随着我国经济社会发展和人民生活水平的提高，广大人民群众热切期盼良好生产生活环境，人民群众日益增长的优美生态环境需要已成为我国社会主要矛盾的重要内容。必须顺应人民群众对美好生活的向往，持续改善生态环境质量，提供更多优质生态产品，让人民群众在绿水青山中共享自然之美、生命之美、生活之美。

社会主义意识形态为构建美丽中国提供了坚实的思想支撑和行动指南。实现社会主义意识形态推进美丽中国建设进程的生态功能，必须坚持以下几项原则：首先，坚持党的集中统一领导。这为我国生态文明建设应对各种艰难险阻提供了根本的政治保障，有利于夯实生态环境治理与保护的政治责任，确保党中央关于生态环境建设的各项决策和部署真

[①] 2020年9月22日，习近平主席在联合国第75届大会一般性辩论上明确提出中国的"双碳目标"。习近平提出，中国将提高国家自主贡献力度，采取更加有力的政策和措施，二氧化碳排放力争于2030年前达到峰值，努力争取2060年前实现碳中和。

正落实到位。其次，坚持以人民为中心。这为我国生态文明建设主体、目标和评判标准的确立提供了依据。人民群众是我国生态文明建设的力量之源。在生态文明建设主体问题上，要坚持群众史观。在我国生态文明建设的目标确立上，要以提升人民群众的生态福祉为归宿点。生态文明建设要围绕着这一目标规划、部署并安排具体工作，以人民群众是否满意作为评判成效的重要依据。最后，坚持绿色发展理念。这为我国新时期确立生态文明建设的地位，处理好生态建设与其他建设尤其是经济建设的关系提供了根本遵循。只有坚持绿色发展理念，我国社会发展才能具有持续性和竞争力。

生态环境是人类生存和发展的根基，生态兴则文明兴。必须全面加强美丽中国建设，把生态文明建设放在突出位置，将自然与文明结合起来，让自然生态在现代化人类社会治理体系下更加宁静、和谐、美丽，让人民在优美自然生态环境中享受极大丰富的物质文明和精神文明，筑牢中华民族伟大复兴的生态根基。

（二）厚植人与自然和谐共生理念

美丽中国的本质内涵是人与自然和谐共生。习近平总书记在二十大会议上强调"要站在人与自然和谐共生的高度谋划发展"[①]。和谐则发展，对立则消亡。"人与自然和谐共生"这一思想超越了生态中心主义，否认了二者之间是此消彼长的关系，是我们在生产生活实践中必须坚持的思想引领，也是"美丽中国"建设的核心指向。

人与自然和谐共生融合了马克思主义人与自然关系理论和中华优秀传统文化中的"天人合一"思想对自然界和人类社会关系的深刻认识。社会主义意识形态在全社会厚植人与自然和谐共生理念，首先，帮助人们厘清人与自然关系的认知。一方面，人是自然界的产物，是自然的一

[①] 站在人与自然和谐共生的高度谋划发展［EB/OL］.新华网，2023-10-17.

部分。"我们连同我们的肉、血和头脑都是属于自然界和存在于自然界之中的。"① 另一方面，人依赖自然，靠自然界生活，受制于自然。自然界不仅仅为人类提供生产和生活所必需的物质资料，而且还为人类提供丰富的精神食粮，人类的生存和发展无论是从物质层面还是精神层面上来说都最终依赖于自然界。人与自然的辩证关系决定了人类只有在与自然界的良性互动中才能生存和发展，人类不可能超越自然、凌驾于自然之上。其次，向民众传输一定生态科学知识。一方面，通过大众传播途径将人类赖以生存的自然环境现状以生动、直观的方式呈现在民众面前，通过开展实践、身临其境、虚拟技术等，让人们听到大自然的呼吸声、看到森林的繁茂、摸到泥土的松软、闻到空气的清新。借此，客观的、现象的、外部的生态认知会累积到人的知识体系，从而影响个体生态价值观的形成。另一方面，通过教育引导方式在感性认知的基础上增加人们自然科学知识的储备，有了理性的科学知识，人们才会做出更加明智的生态行为选择。最后，用科学的生态理论武装民众头脑。我们党在领导生态文明建设过程中，形成了以"两山论""地球生命共同体"等为主要内容的习近平生态文明思想，推动我国生态文明建设从认识到实践都发生了历史性、转折性、全局性的变化，美丽中国建设迈出坚实步伐。因此，必须深入学习贯彻习近平生态文明思想，护航生态文明建设新征程，奋力书写美丽中国新画卷。

总之，人与自然和谐共生就是要求遵循人的自然性，摆正人的位置，正确处理人与自然的关系，尊重自然界发展的规律，保护生态环境。社会主义意识形态主张在不破坏生态自然的前提下保障人类自身的繁衍生息，将保护自然作为社会发展的重要方面，从而实现人类社会和

---

① 马克思，恩格斯．马克思恩格斯选集：第3卷［M］．北京：人民出版社，2012：998．

第五章　社会主义意识形态价值结构的功能

自然界的互利共赢，实现人的可持续发展。

（三）倡导保护环境节约资源行为

社会主义意识形态不仅通过广泛的宣传教育，将人与自然和谐共生的理念深深植根于人们的心中，提高民众对环境保护重要性的认识，激发人们的环保意识和参与热情；更注重通过政策支持、社会舆论引导、先进典型带动促使人们将保护生态环境的意识和理念转化为自觉的行为。

首先，社会主义国家通过制定和实施一系列环保法规政策，为保护环境、节约资源提供有力的制度保障。环保意识是人们对于环境和环境保护的主观认识，根据个体经济条件、生活方式、教育水平等不同其认知程度和认知水平往往参差不齐。要树立科学的环保思维，除了宣传教育等途径，法律法规、方针政策等制度的引导也十分必要。它有利于明确个体生态责任，促使个体履行生态义务，实现生态义务和生态权利的有效统一。例如，设立环保法律法规，明确企业和个人的环保责任；制定节能减排政策，鼓励使用清洁能源和高效节能产品；实施生态补偿机制，对生态环境保护做出贡献的地区和个人给予奖励等。这些规则为环保行为提供了明确的方向和动力。

其次，社会主义意识形态借助社会舆论的力量，运用道德谴责和经济制度、行政处罚等多种手段，对破坏环境、非生态的行为进行坚决的清理和打击，对爱护环境、可持续发展行为进行大力弘扬和褒奖。当企业或个人违反环保规定时，社会舆论会对其进行道德谴责，这种来自社会的压力和谴责不仅有助于制止破坏环境的行为，还能在全社会范围内形成一种保护环境的道德风尚，更在潜移默化中培养了公众的绿色法治思维，使遵法守法、保护环境的理念深入人心。

最后，社会主义意识形态通过树立先进典型、宣传绿色榜样，对社会成员进行熏陶教育。发挥社会主义意识形态的生态功能要普及绿色发展理念，普及绿色发展理念除了最基本的"言传"以外还需要"身教"，用榜样的实例增加人们对绿色发展的认可。塞罕坝的修复奇迹里蕴含了无数林场人的智慧，他们创新探索出了培苗、抚育、造林、养护等一套完整的森林经营技术，让科技创新为生态修复赋能，不仅提高了生态系统的质量和稳定性，还带来了显著的经济效益，塞罕坝林场的碳汇收入、门票收入以及它本身的林木资源价值、生态服务价值无一不在显现"绿水青山就是金山银山"的真理性。典型榜样的教育不仅能够让人们认识到生态保护的长期性和艰巨性，更激发了人们"久久为功，利在千秋"的坚定信念。通过培养生态义利观，人们将更加注重长远利益和整体利益，为实现人与自然的和谐共生贡献自己的力量。

综上所述，社会主义意识形态有助于人们掌握生态文明知识，增强生态文明意识，培养良好的生态文明习惯，提高生态文明修养。通过理论创新、宣传教育、制度规范、熏陶感染等多种手段，引导人们形成绿色生活方式，推动形成节约资源和保护环境的空间格局、产业结构、生产方式、生活方式，让美丽中国建设成为全体人民的自觉追求和共同行动。

结束语

　　社会主义意识形态价值结构选题服务于建设文化强国的重大现实需要。紧紧围绕维护社会主义意识形态安全的实践关照和理论旨趣开展创新性研究。社会主义意识形态价值结构研究在习近平文化思想指导下，从社会主义意识形态价值结构的意义、主体、客体、系统、功能等方面展现社会主义意识形态价值结构研究现状与水平的整体脉络和发展态势。在分领域分流派的理论梳理、界定、剖析、比较基础上系统勾勒社会主义意识形态价值结构的面貌笼廓。探究社会主义意识形态价值结构在文化维度上助力推动中国式现代化的实现。

　　本书认为内涵决定要素，要素组成结构。社会主义意识形态理论蕴含着社会主义意识形态价值结构观。按照哲学价值论的"功能效应说"，功能与价值结构高度相关。功能彰显价值，结构决定功能。功能决定意义，意义有大小先后之分。社会主义意识形态的理论意义本质上体现为对其价值结构、功能效用的系统性评价。学界取得关于"社会主义意识形态"内涵、结构、功能、意义等研究的丰硕成果。社会主义意识形态价值及其结构正在生成，它是客观存在的，却也是难以把握的。特别是在网络条件下，受到多元社会思潮的冲击、解构，社会主义意识形态实践存在实效性欠缺、功能难发挥、价值不落地的问题，其价值结构设计不够科学、效果不佳。需要加强对社会主义意识形态价值结构做专门系统的研究。

通常来说，事物总是一种结构性存在。系统的结构决定系统的功能，结构的变化则导致功能的变化。简单来讲，合理的结构有助于功能的优化，不合理的结构往往会影响系统的功能的发挥，甚至造成功能的损耗。价值结构的构成要素本身、构成要素的搭配以及外界环境都会对价值结构的稳定运行产生影响。系统优化社会主义意识形态价值结构的某一构成要素，系统优化价值结构的要素搭配，优化价值结构的环境，促进社会主义意识形态价值结构与外界进行物质、能量、信息的交换，开展丰富多彩的社会主义意识形态价值实践活动，达到实现社会主义意识形态价值的目标。

社会主义意识形态价值实践活动实效性的增强对价值结构的优化发挥着积极作用。首先，增强日常活动的实效性。意识形态日常实践活动以理论教育活动为主，包括学校理论教育活动、基层理论教育活动等。优化学校理论教育活动的效果，优化基层理论教育活动的效果。其次，增强业务实践活动的实效性。业务实践活动能否顺利推进、能否取得良好的效果，与业务人员的专业素质、积极性与主动性以及工作氛围有着密切联系。要增强业务实践活动的实效性，就要加强业务工作者培训，打造专业的业务人员队伍；合理运用考核机制，提升业务人员工作积极性和主动性；营造良好的工作氛围。最后，增强社会实践活动的实效性。打赢意识形态领域斗争，提升社会主义意识形态认同；发挥社会资源支撑作用，用好社会主义意识形态工作阵地；坚持与时俱进思想观念，创新社会实践活动方式方法。总之，要推动结构功能思维在社会主义意识形态价值上的运用，必须将社会主义意识形态价值视为一个结构性存在的实践的系统，并在实践活动中对其进行系统性、全方位、多样化的结构优化，以更好地发挥社会主义意识形态价值结构的政治功能、经济功能、文化功能、社会功能和生态功能等。

参考文献

著作类

[1] 阿尔都塞. 保卫马克思[M]. 顾良, 译. 北京: 商务印书馆, 2010.

[2] 阿尔都塞. 哲学与政治[M]. 陈越, 译. 长春: 吉林人民出版社, 2011.

[3] 巴拉达特. 意识形态起源和影响[M]. 张慧芝, 张露璐, 译. 北京: 世界图书出版公司北京公司, 2010.

[4] 戴茂堂. 中国传统价值观念的基本结构与当代建构[M]. 哈尔滨: 黑龙江教育出版社, 2016.

[5] 邓小平. 邓小平文选: 第3卷[M]. 北京: 人民出版社, 1994.

[6] 杜威. 评价理论[M]. 冯平, 余泽娜, 译. 上海: 上海译文出版社, 2007.

[7] 冯刚. 新时代高校思想政治教育学原理[M]. 北京: 人民出版社, 2021.

[8] 福山. 历史的终结及最后之人[M]. 北京: 中国社会科学出版社, 2003.

[9] 高中建. 新时代青年主流意识形态塑造机制与路径研究[M].

北京：人民出版社，2024.

［10］公民道德建设实施纲要［M］．北京：人民出版社，2001．

［11］郭鹏飞．意识形态价值论［M］．北京：人民出版社，2014

［12］亨廷顿．文明的冲突与世界秩序的重建［M］．周琪，等译．北京：新华出版社，2010．

［13］侯惠勤．马克思恩格斯列宁斯大林论意识形态［M］．北京：中国社会科学出版社，2012．

［14］胡锦涛．胡锦涛文选：第3卷［M］．北京：人民出版社，2016．

［15］胡凯．现代思想政治教育心理研究［M］．长沙：湖南人民出版社，2009．

［16］黄传新．社会主义意识形态的吸引力和凝聚力研究［M］．北京：学习出版社，2012．

［17］基辛格．世界秩序［M］．胡利平，译．北京：中信出版社，2015．

［18］江泽民．江泽民文选：第3卷［M］．北京：人民出版社，2006．

［19］姜迎春．新时代意识形态理论与实践［M］．南京：南京大学出版社，2024．

［20］克雷．意识形态的起源：16世纪法国的意识与社会［M］．江晟，译．杭州：浙江大学出版社，2023．

［21］李德顺．价值论：一种主体性的研究［M］．北京：中国人民大学出版社，2013．

［22］李江静．网络空间意识形态话语权提升研究［M］．北京：人民出版社，2023．

［23］刘建军．马克思主义信仰研究［M］．北京：中国人民大学出版社，2021．

［24］罗晶．新时代党的意识形态安全理论创新研究［M］．天津：天津人民出版社，2023．

[25] 骆郁廷. 思想政治教育贯通论 [M]. 北京：人民出版社，2023.

[26] 马尔库塞. 单向度的人：发达工业社会意识形态研究 [M]. 刘继，译. 上海：上海译文出版社，2008.

[27] 马俊峰. 价值论的视野 [M]. 武汉：武汉大学出版社，2010.

[28] 马兹利什. 文明及其内涵 [M]. 汪辉，译. 北京：商务印书馆，2017.

[29] 麦克里兰. 意识形态 [M]. 孔兆政，蒋龙翔，译. 长春：吉林人民出版社，2005.

[30] 曼海姆. 意识形态和乌托邦 [M]. 艾彦，译. 北京：华夏出版社，2001.

[31] 毛泽东. 毛泽东选集：第4卷 [M]. 北京：人民出版社，1991.

[32] 梅荣政，杨军. 社会主义核心价值体系与社会思潮析评 [M]. 北京：中国社会科学出版社，2010.

[33] 齐泽克. 意识形态的崇高客体 [M]. 季广茂，译. 北京：中央编译出版社，2002.

[34] 森格哈斯. 文明内部的冲突与世界秩序 [M]. 张文武，译. 北京：新华出版社，2004.

[35] 沈壮海. 新编思想政治教育学原理 [M]. 北京：中国人民大学出版社，2023.

[36] 苏娟. 中国意识形态安全面临的威胁与对策思考 [M]. 北京：社会科学文献出版社，2014.

[37] 王丽. 思想政治教育价值结构研究 [M]. 北京：中央编译出版社，2019.

[38] 王易. 社会主义现代化新征程中的意识形态安全 [M]. 北京：中国人民大学出版社，2022.

[39] 王作军. 组织间关系：结构、价值与治理研究 [M]. 北京：

中国农业出版社，2015.

[40] 习近平．高举中国特色社会主义伟大旗帜为全面建设社会主义现代化国家而团结奋斗：在中国共产党第二十次全国代表大会上的报告［M］．北京：人民出版社，2022.

[41] 习近平．论党的宣传思想工作［M］．北京：中央文献出版社，2020.

[42] 习近平．习近平谈治国理政：第4卷［M］．北京：外文出版社，2022.

[43] 肖巍，顾钰民．当代中国马克思主义研究报告（2011—2012）核心价值与意识形态建设［M］．北京：人民出版社，2013.

[44] 熊建生．思想政治教育内容结构论［M］．北京：中国社会科学出版社，2012.

[45] 徐建军．大学生网络思想政治教育理论与方法［M］．长沙：中南大学出版社，2010.

[46] 俞吾金．意识形态论［M］．北京：人民出版社，2009.

[47] 袁建新．科学理性与价值理性的结构关系研究［M］．长沙：湖南人民出版社，2005.

[48] 张耀灿，郑永廷，吴潜涛，等．现代思想政治教育学［M］．北京：人民出版社，2006.

[49] 张作云．马克思主义生产关系结构理论及其当代价值［M］．北京：中国经济出版社，2022.

[50] 赵勇．社会主义意识形态功能研究［M］．上海：上海人民出版社，2012.

[51] 郑永廷．郑永廷文集［M］．广州：中山大学出版社，2013.

[52] 中共中央马克思恩格斯列宁斯大林著作编译局．列宁选集：第4卷［M］．北京：人民出版社，1995.

[53] 中共中央马克思恩格斯列宁斯大林著作编译局．马克思恩格

斯全集：第 41 卷［M］．北京：人民出版社，2002：634．

［54］中共中央马克思恩格斯列宁斯大林著作编译局．马克思恩格斯文集：第 10 卷［M］．北京：人民出版社，2009．

［55］中共中央马克思恩格斯列宁斯大林著作编译局．马克思恩格斯选集：第 4 卷［M］．北京：人民出版社，2012．

［56］中共中央文献研究室．建国以来重要文献选编［M］．北京：中央文献出版社，2006．

［57］中共中央文献研究室．毛泽东邓小平江泽民论世界观人生观价值观［M］．北京：人民出版社，1997．

［58］左卫民．价值与结构［M］．北京：法律出版社，2003．

期刊类

［1］鲍金，黄婧．情感及其规制：数字时代情感的意识形态审视［J］．天府新论，2023（6）．

［2］蔡静峰．认真学习贯彻习近平总书记关于意识形态工作的重要论述［J］．红旗文稿，2024（4）．

［3］蔡拓，陈志敏，吴志成，等．人类命运共同体视角下的全球治理与国家治理［J］．中国社会科学，2016（6）．

［4］曹绿．以马克思世界历史理论审视人类命运共同体［J］．思想理论教育，2017（3）．

［5］陈静．高校意识形态安全治理体系和治理能力建设探析［J］．中南民族大学学报（人文社会科学版），2017，37（5）．

［6］陈文旭，易佳乐．作为虚假意识形态的"普世价值"［J］．马克思主义与现实，2017（4）．

［7］陈锡喜．"人类命运共同体"视域下中国道路世界意义的再审视［J］．毛泽东邓小平理论研究，2017（2）．

[8] 陈锡喜.中国梦的意识形态底蕴再探究[J].马克思主义与现实,2019(4).

[9] 陈相光.中国梦:作为意识形态范畴的价值逻辑[J].岭南学刊,2016(5).

[10] 陈志勇,邱萍.趣缘型互联网群组的意识形态风险透视与应对理路[J].思想教育研究,2024(4).

[11] 崔春梦.网络交往"信息茧房"的意识形态效应及其治理[J].北京交通大学学报(社会科学版),2023,22(3).

[12] 代洪宝,张立新,刘永生,等.论"意识形态终结论"的价值维度[J].新西部(理论版),2016(7).

[13] 代金平,覃杨杨.ChatGPT等生成式人工智能的意识形态风险及其应对[J].重庆大学学报(社会科学版),2023,29(5).

[14] 代艳丽,谢莉,赵红.马克思主义意识形态理论与社会主义核心价值体系构建[J].南华大学学报(社会科学版),2016,17(3).

[15] 邓伯军.人工智能的算法权力及其意识形态批判[J].当代世界与社会主义,2023(5).

[16] 董立人.习近平"人类命运共同体"思想研究[J].学习论坛,2016,32(3).

[17] 杜成斌,刘璇.新时代主流意识形态话语视觉化传播的创新路径研究[J].湖北社会科学,2023(12).

[18] 杜喆.视觉文化挑战下社会主义意识形态的引领力:问题分析与提升路径[J].理论导刊,2023(4).

[19] 樊敏.马克思"价值主体"思想对中国意识形态的影响变迁[J].毛泽东思想研究,2016,33(4).

[20] 方正.马克思意识形态利益规定性阐证的时空逻辑:兼析社会主义意识形态的自我调适[J].思想理论战线,2024(2).

[21] 冯刚,刘晓玲.坚持以文化人深入推进社会主义核心价值观

培育践行[J].思想理论教育导刊,2016(1).

[22]冯刚,王振.着眼大学生成长发展需求,构建培育践行社会主义核心价值观长效机制[J].思想理论教育导刊,2017(2).

[23]高明,刘皆成.网络语言视域下"大思政课"引导大学生网络意识形态路径研究[J].高教学刊,2024,10(7).

[24]葛舒阳.论红色文化的意识形态价值[J].思想政治教育研究,2016,32(2).

[25]葛舒阳.中国特色新型智库的意识形态价值探析[J].学校党建与思想教育,2016(12).

[26]关永强,祁瞳瞳.中国式现代化突破西方意识形态的世界意义[J].南开学报(哲学社会科学版),2023(4).

[27]郭明飞,宋英爽.软治理效能:中国式现代化的意识形态维度[J].武汉科技大学学报(社会科学版),2023,25(3).

[28]韩云波,陈思思.习近平文化思想视域下坚守中国哲学社会科学之"魂脉":关于哲学社会科学与中国特色意识形态问题探讨[J].重庆大学学报(社会科学版),2024,30(3).

[29]贺来.马克思哲学的"类"概念与"人类命运共同体"[J].哲学研究,2016(8).

[30]洪向华,于欢.新时代网络意识形态领域中流行话语的样态呈现及其社会影响探论[J].科学社会主义,2023(4).

[31]侯惠勤.坚定文化自信的本质是牢牢掌握意识形态工作领导权[J].红旗文稿,2018(1).

[32]胡刚.当代中国马克思主义意识形态话语权的审视与建构[J].社会主义研究,2016(5).

[33]黄国雄.习近平关于意识形态工作重要论述的系统论探析[J].江西理工大学学报,2023,44(1).

[34]黄国雄.隐喻蕴涵:中国式现代化的多重意识形态功能[J].

青海民族大学学报（社会科学版），2023，49（2）．

[35] 黄建军．文化自信的意识形态功能［J］．马克思主义研究，2019（8）．

[36] 黄真．"人类命运共同体"理念的伦理透视［J］．理论月刊，2016（11）．

[37] 贾鹏飞．论中国式现代化的意识形态话语创新［J］．广西大学学报（哲学社会科学版），2022，44（6）．

[38] 贾鹏飞．新时代意识形态治理的内在逻辑及其统一［J］．深圳社会科学，2024，7（2）．

[39] 李丹琪．意识形态视域下人类命运共同体意识培育研究［J］．思想教育研究，2024（4）．

[40] 李江静．数字帝国主义算法控制下的意识形态风险及防范［J］．马克思主义研究，2023（7）．

[41] 李洁．新时代党的意识形态话语创新与社会思潮批判［J］．思想理论教育导刊，2023（10）．

[42] 李明德，寇杰．面向意识形态安全的网络舆论乱象柔性治理：难点问题、重要发现与前景展望［J］．西安交通大学学报（社会科学版），2023，43（6）．

[43] 李明德，张收鹏．主流意识形态全媒体传播的效能与进路［J］．南昌大学学报（人文社会科学版），2023，54（4）．

[44] 李尚宸，张志丹．全人类共同价值对西方现代意识形态的超越［J］．云南大学学报（社会科学版），2024，23（1）．

[45] 李晓曈，陶林．全人类共同价值：对西方价值体系的意识形态超越、建构原则及实践路径［J］．江苏大学学报（社会科学版），2023，25（1）．

[46] 李紫娟．高校思想政治理论课改革创新坚守意识形态取向的策略［J］．马克思主义理论学科研究，2023，9（2）．

[47] 李宗建, 陆苗. 新时代主流意识形态话语体系创新的鲜明特质 [J]. 社会主义研究, 2024 (2).

[48] 梁大伟, 王倬. 习近平文化思想的意识形态力量 [J]. 思想教育研究, 2024 (2).

[49] 林峰. "Z世代"青年"网络新玄学"的意识形态风险与治理 [J]. 思想理论教育, 2023 (9).

[50] 林峰. "摆烂文化"的意识形态症结与治理 [J]. 深圳大学学报 (人文社会科学版), 2023, 40 (3).

[51] 刘芳, 卢杨, 徐晓娟. 着力建设具有强大凝聚力与引领力的社会主义意识形态: 以高校思政课为重要抓手 [J]. 高教学刊, 2024, 10 (12).

[52] 刘洪波, 李斌雄. 高校社会主义意识形态教育的价值、问题与对策探析 [J]. 思想教育研究, 2017 (5).

[53] 刘建军. 社会大气层: 对意识形态概念的新思考 [J]. 思想政治工作研究, 2010 (6).

[54] 刘瑞. 网络思想政治教育在高校意识形态工作中的创新性实践 [J]. 网络安全技术与应用, 2023 (12).

[55] 刘伟. 论马克思主义意识形态的理论权威建设 [J]. 理论探索, 2016 (6).

[56] 刘兴平. 论马克思主义意识形态指导与中国梦的实现 [J]. 河海大学学报 (哲学社会科学版), 2016, 18 (6).

[57] 刘洋, 黄栋梁. 文明形态的意识形态博弈及其全球效力 [J]. 思想理论战线, 2023, 2 (5).

[58] 刘志礼, 李佳隆. 数字意识形态安全风险的深度透视与治理路径 [J]. 思想教育研究, 2023 (12).

[59] 吕峰. 新时代提升维护国家意识形态安全能力的三维向度 [J]. 思想教育研究, 2023 (12).

[60] 梅景辉. 文化自信与马克思主义意识形态话语权的当代发展 [J]. 马克思主义研究, 2017 (5).

[61] 聂海杰. 马克思恩格斯的意识形态思想及其当代价值 [J]. 郑州轻工业学院学报 (社会科学版), 2016, 17 (2).

[62] 聂智, 傅新皓. 算法时代意识形态传播的智能化嬗变: 逻辑、风险与治理 [J]. 思想理论教育导刊, 2023 (11).

[63] 裴学进. 试论党的意识形态话语系统的新探索: 另一种透视社会主义核心价值体系的视角 [J]. 马克思主义研究, 2014 (8).

[64] 饶世权, 林伯海. 习近平的人类命运共同体思想及其时代价值 [J]. 学校党建与思想教育, 2016 (7).

[65] 任虹宇, 郑敬斌. 走向韧性: 新时代意识形态风险治理能力提升路向 [J]. 山东社会科学, 2023 (12).

[66] 阮宗泽. 人类命运共同体: 中国的"世界梦" [J]. 国际问题研究, 2016 (1).

[67] 邵彦敏, 白令. 文化自信与意识形态安全 [J]. 理论探讨, 2019 (5).

[68] 申文杰. 毛泽东意识形态政治功能理论及现实价值分析 [J]. 河北师范大学学报 (哲学社会科学版), 2016, 39 (1).

[69] 斯琴格日乐, 刘建华. 美国对华意识形态霸权的生成与解构 [J]. 华侨大学学报 (哲学社会科学版), 2023 (6).

[70] 苏超莉. 列宁意识形态建设思想的理论逻辑及其当代价值: 基于意识形态建设过程逻辑的视角 [J]. 中共浙江省委党校学报, 2017, 33 (2).

[71] 苏星鸿. 论思想政治教育的意识形态价值 [J]. 学校党建与思想教育, 2017 (11).

[72] 孙冲亚. 弱人工智能时代的意识形态风险及其纾解 [J]. 云南社会科学, 2024 (2).

[73] 孙聚友. 儒家大同思想与人类命运共同体建设 [J]. 东岳论丛, 2016, 37 (11).

[74] 孙立军, 许海娇. 新时代建设具有强大凝聚力和引领力的社会主义意识形态研究 [J]. 思想理论教育导刊, 2023 (5).

[75] 孙绍勇. 新时代基于意识形态维度的中国特色社会主义文化自信析论 [J]. 思想战线, 2022, 48 (4).

[76] 汤荣光. 论新时代意识形态工作治理体系和治理能力建设 [J]. 宁夏社会科学, 2020 (1).

[77] 汪雪. 马克思主义意识形态理论的逻辑辩证及其整合机制 [J]. 求索, 2016 (1).

[78] 王安平, 徐冰瑶. 全媒体时代网络群体极化的意识形态隐忧及破解之道 [J]. 理论导刊, 2023 (12).

[79] 王成. 意识形态"灌输论"与"生成论"的协同性：兼论马克思主义意识形态宣传的制度化建构 [J]. 宁夏社会科学, 2023 (1).

[80] 王海稳, 李梦茜. 西方算法意识形态的技术迷思与应对路径 [J]. 浙江社会科学, 2023 (11).

[81] 王浩斌, 杨思齐. 人的现代化：中国式现代化道路对资本逻辑的意识形态批判性超越 [J]. 江淮论坛, 2024 (2).

[82] 王浩业. 新时代高校意识形态工作机制探究 [J]. 思想教育研究, 2024 (1).

[83] 王明初. 新中国意识形态史研究的方法论原则 [J]. 马克思主义研究, 2012 (5).

[84] 王少雄. 智媒体时代在青年群体中传播社会主义意识形态的意旨、困境及优化路径探析 [J]. 新闻研究导刊, 2023, 14 (22).

[85] 王欣, 高庆涛. 关于人类命运共同体理念探微 [J]. 思想理论教育导刊, 2016 (9).

[86] 王延川, 赵靖. 生成式人工智能诱发意识形态风险的逻辑机

理及其应对策略［J］.河南师范大学学报（哲学社会科学版），2023，50（4）.

［87］王扬，刘珂旬，孙也程.大学生主流意识形态认同的心理机制研究［J］.学校党建与思想教育，2024（2）.

［88］王永贵.以历史主动精神打赢新时代网络意识形态斗争［J］.思想理论教育导刊，2023（4）.

［89］王宇婷.数字意识形态风险的诱因、样态及治理［J］.理论月刊，2023（12）.

［90］温旭.数字意识形态兴起的价值省思［J］.马克思主义研究，2023（2）.

［91］吴学琴.坚持马克思主义在意识形态领域指导地位根本制度的发展与创新［J］.马克思主义理论学科研究，2022，8（12）.

［92］习近平.必须坚持人民至上［J］.求是，2024（7）.

［93］习近平.发展新质生产力是推动高质量发展的内在要求和重要着力点［J］.求是，2024（11）.

［94］习近平.用好红色资源赓续红色血脉努力创造无愧于历史和人民的新业绩［J］.求是，2021（19）.

［95］习近平.在文化传承发展座谈会上的讲话［J］.奋斗，2023（17）.

［96］肖唤元，秦龙.马克思恩格斯论意识形态的三重视界及其当代价值［J］.学习论坛，2016，32（1）.

［97］肖群忠，杨建强.价值观与伦理自信是文化自信的核心［J］.中国特色社会主义研究，2017（1）.

［98］谢超林.习近平对构建马克思主义意识形态话语权的战略思考［J］.扬州大学学报（人文社会科学版），2017，21（2）.

［99］谢文娟."人类命运共同体"的历史基础和现实境遇［J］.河南师范大学学报（哲学社会科学版），2016，43（5）.

[100] 谢晓娟，刘世昱．当代马克思主义意识形态话语权建构的国际视角［J］．河南师范大学学报（哲学社会科学版），2016，43（2）．

[101] 邢华超．短视频场域高校提升主流意识形态引领力的现实境遇与实践指向［J］．北京科技大学学报（社会科学版），2024，40（3）．

[102] 邢盘洲．试论意识形态的经济价值［J］．江海学刊，2016（2）．

[103] 徐光辉，窦雅琴，魏孟吉．数字意识形态风险及其治理［J］．学校党建与思想教育，2024（8）．

[104] 徐洪军．幸福与意识形态：试论"中国梦"的思想建构［J］．北京社会科学，2014（2）．

[105] 徐昕．数字技术资本主义应用的意识形态批判［J］．中国地质大学学报（社会科学版），2024，24（3）．

[106] 徐艳玲，李聪．"人类命运共同体"价值意蕴的三重维度［J］．科学社会主义，2016（3）．

[107] 闫方洁．"中国梦"与"美好生活"：现代性语境下主流意识形态话语体系的创新［J］．马克思主义与现实，2018（3）．

[108] 闫文静．马克思主义意识形态话语权建设的挑战、境遇与对策［J］．理论学刊，2023（2）．

[109] 杨宏伟，刘栋．论构建"人类命运共同体"的"共性"基础［J］．教学与研究，2017（1）．

[110] 杨慧民，董亚军．短视频场域意识形态传播的逻辑理路及其应用［J］．长白学刊，2023（2）．

[111] 杨建新．"中国梦"的思想根基与意识形态价值［J］．马克思主义研究，2014（10）．

[112] 杨抗抗，陈林．人工智能赋能意识形态治理及其风险应对［J］．世界社会主义研究，2022，7（11）．

[113] 杨松．马克思主义、意识形态与道德［J］．科学社会主义，

2017（5）．

[114] 杨章文．ChatGPT类生成式人工智能的意识形态属性及其风险规制［J］．内蒙古社会科学，2024，45（1）．

[115] 姚东．坚持以习近平文化思想为指引 坚决维护意识形态安全［J］．党建，2024（3）．

[116] 尤文梦．新时代提升社会主义意识形态认同度的路径延展［J］．理论月刊，2023（2）．

[117] 于波．我国主流意识形态建设的机理探究——基于阶层分化的背景［J］．江西理工大学学报，2020，41（2）．

[118] 于海亮，杨润聪．新时代中国共产党牢牢掌握意识形态工作领导权的战略部署［J］．思想教育研究，2024（2）．

[119] 余学军，李银兵．冲突与调适：跨文化交流的意识形态性［J］．湖北民族大学学报（哲学社会科学版），2023，41（2）．

[120] 袁健，王慧娟．主流意识形态具象化传播的异化风险及规制路径［J］．学校党建与思想教育，2024（7）．

[121] 袁汪洋．意识形态安全视阈下社会主义核心价值观的功能生成及其实践路径［J］．太原城市职业技术学院学报，2023（11）．

[122] 袁鑫．习近平关于意识形态工作重要论述探析［J］．思想理论教育导刊，2024（2）．

[123] 张国臣．论马克思主义意识形态话语权建设的时代价值［J］．学术论坛，2016，39（1）．

[124] 张国臣．论维护马克思主义意识形态安全面临的机遇和挑战［J］．河南理工大学学报（社会科学版），2017（4）．

[125] 张琪．"四史"教育在维护高校意识形态安全中的重要作用［J］．高校辅导员学刊，2021，13（3）．

[126] 张庆国，曹银忠．AIGC赋能主流意识形态传播：价值探寻、风险探析与进路探赜［J］．东南传播，2024（4）．

[127] 张生. ChatGPT：褶子、词典、逻辑与意识形态功能 [J]. 传媒观察, 2023 (3).

[128] 张小平, 蔡惠福. 新媒体环境下新闻传播意识形态属性与责任再认识 [J]. 社会科学战线, 2023 (10).

[129] 张一兵. 消费意识形态：当代资产阶级日常生活的改变：列斐伏尔《当代世界的日常生活》研究 [J]. 浙江社会科学, 2024 (1).

[130] 张翼, 崔华华. 新时代网络意识形态治理体系现代化论析——学习习近平新时代网络意识形态工作重要论述 [J]. 社会主义研究, 2021 (3).

[131] 张志丹. 解码新时代十年意识形态创新的新飞跃 [J]. 社会科学辑刊, 2023 (2).

[132] 张志丹. 马克思的意识形态权力思想及其当代性 [J]. 马克思主义与现实, 2023 (6).

[133] 张志丹. 中国式现代化的意识形态意蕴 [J]. 上海师范大学学报（哲学社会科学版）, 2023, 52 (2).

[134] 张志丹. 中国式现代化进程中的意识形态安全守护：评赵欢春教授新著《社会转型期我国意识形态安全风险预警研究》[J]. 山东社会科学, 2023 (11).

[135] 张宗峰, 焦娅敏. 社会主义核心价值观培育的文化认同机制探究 [J]. 思想理论教育, 2017 (1).

[136] 钟启东. 马克思意识形态概念的发展逻辑 [J]. 马克思主义理论学科研究, 2024, 10 (1).

[137] 仲昭慧, 王永贵. 新时代中国共产党意识形态自信的三维阐释 [J]. 学校党建与思想教育, 2024 (3).

[138] 周耀宏. 新常态视域下马克思主义意识形态话语权的建构 [J]. 中共成都市委党校学报, 2016 (12).

[139] 左路平. 政治记忆与主流意识形态认同 [J]. 思想理论教

育，2023（12）.

[140] 左鹏．意识形态领域挑战社会主义核心价值体系的几种主要社会思潮［J］．思想理论教育导刊，2014（4）.

学位论文类

[1] 冯建．新时代高校意识形态安全教育研究［D］．长沙：中南大学，2023.

[2] 孙绍勇．意识形态安全理念深化视域下中国特色社会主义文化自信研究［D］．上海：上海交通大学，2019.

[3] 王艳霞．习近平社会主义意识形态重要论述研究［D］．太原：山西财经大学，2022.

[4] 吴隽民．新时代我国主流意识形态认同研究［D］．南昌：南昌大学，2023.

[5] 杨慧童．大数据时代网络空间意识形态安全研究［D］．长春：吉林大学，2023.

报纸类

[1] 习近平．把思想政治工作贯穿教育教学全过程 开创我国高等教育事业发展新局面［N］．人民日报，2016-12-09（1）.

[2] 习近平．建设开放包容、互联互通、共同发展的世界［N］．人民日报，2023-10-19（2）.

[3] 习近平．决胜全面建成小康社会 夺取新时代中国特色社会主义伟大胜利［N］．人民日报，2017-10-19（3）.

[4] 习近平．携手同行现代化之路［N］．人民日报，2023-03-16（2）.

[5] 中共中央关于进一步全面深化改革 推进中国式现代化的决定

[N].光明日报,2024-07-19(1).

[6] 中共中央国务院.关于加强和改进新形势下高校思想政治工作的意见[N].人民日报,2017-02-28(1).

外文类

[1] Gao Xiuxue, Sui Chengzhu. Constructing Socialism Core Value System from the Perspective of Cultura Soft Power [C] //Information Engineering Research Institute, USA. Proceedings of 2013 3rd International Conference on Applied Social Science (ICASS 2013) Volume 2. Information Engineering Research Institute, USA, 2013:6.

[2] Suzhen Yu, Li Wang. Research on Enterprise's Core Value based on Knowledge Management [C] //Research Institute of Management Science and Industrial Engineering. Proceedings of 2017 International Conference on Frontiers in Educational Technologies and Management Sciences (FETMS 2017). Research Institute of Management Science and Industrial Engineering, 2017:4.

[3] Xiaohuang Zhang. Using Socialism Core Value System to Lead Ideological and Political Education Practice Teaching in Higher Vocational Colleges [C] //Information Engineering Research Institute, USA. Proceedings of 2014 2nd International Conference in Humanities, Social Sciences and Global Business Management (ISSGBM 2014 V30). Information Engineering Research Institute, USA, 2014:4.

致　谢

本书献给思想政治教育学科创立 40 周年，祝愿学科蓬勃发展、学术繁盛、生命长青。

马克思主义科学真理的强大感召力、马克思主义者的崇高使命感鼓舞着笔者，为实现中国式现代化全面推进中华民族伟大复兴贡献力所能及的力量。思想政治教育学科是马克思主义理论一级学科下属的二级学科，以教育教学为主要手段承担着马克思主义理论研究及其成果实践转化的重要任务，既具有马克思主义理论学科发展和学术建设的共同特性，又彰显出自身独特性。40 年来，学界从本体论、属性论、方法论、史论、比较论、内容论、价值论、载体论等多个维度探讨思想政治教育的理论与实践。学界达成广泛共识的是，思想政治教育从根本上看是做人的工作，是做铸魂育人的工作。思想政治教育者要明确学科定位与归属，树立马克思主义的世界观、人生观、价值观、历史观、道德观、政治观、法治观，培养德智体美劳全面发展的现代化的人。从这个意义上说，思想政治教育学科肩负培养堪当民族复兴大任时代新人之重任。

思想政治教育学原理是思想政治教育学科的基础和核心的内容。40 年来，学界把思想政治教育学科基础理论作为学术研究的重中之重，探索思想政治教育学科规律，构建学理化、体系化的学科基础理论体系。思想政治教育者必须对思想政治教育学原理了然于心，知其然更要知其所以然，知行合一，经世致用。"灌输论"强调"把社会主义思想和政治自觉性灌输到无产阶级群众中去"，这是思想政治教育学原理的理论起点，是思想政治教育学科的理论原点、立论支点，解答了"谁来灌输""如何灌输""灌输给谁"的问题，为思想政治教育实践建构了基本框架。思想政治教育是一切工作的生命线，相关重要论述有思想政治教育是"红军的生命线""抗战军队的生命线""一切经济工作的生命线""经济工作和其他一切工作的生命线""学校各项工作的生命线"等。"生命线论"表明思想政治教育是党的一项重要的工作。思想政治教育外显或内隐于不同历史时期的不同建设领域中，贯穿各行各业发展全过程。"全过程论"概述了思想政治教育的全局性、全面性。思想政治教育全过程是教育要素全面参与的过程，是全员全过程全方位育人，齐抓共管思想政治教育，促进思想政治教育取得成效。"一体化论"突显思想政治教育的广泛性、整体性，体现"大思政"格局。思想政治教育不局限在学校思想政治教育，是连接贯通学校、家庭、社区、社会、互联网的思想政治教育，是课程、科研、组织、管理、实践、文化、服务、网络等思想政治教育建设要素的共建共享共治。深刻理解阐释思想政治教育学原理，融会贯通思想政治教育学原理，是每一个思想政治教育者应当具备的专业素养。

思想政治教育学科是一门思想性、政治性、教育性、综合性的学科，广泛应用于国家和社会的方方面面，具有直接现实性和社会历史性。随着现代科学技术的迅猛发展，时空场域得以广泛拓展，思想政治教育学科成长为名副其实的应用型学科，在培养应用型人才与取得应用型研究成果上愈加坚实有力。思想政治教育学科在具体应用中，不能生拼硬凑、张冠李戴，而应自觉运用辩证思维去看待思想政治教育过程中的万千气象、世间百态。思想政治教育要遵循人类社会发展规律和对人进行思想政治教育的规律。思想政治教育学科不是一座孤岛，其研究对象的特殊性决定了其实际应用要走跨学科发展之路，思想政治教育者要与哲学社会科学各学科工作者相依相偎，利用哲学、政治学、社会学、法学、心理学、教育学、管理学、传播学等学科资源，并将其转化为思想政治教育资源。

40年来，思想政治教育学科发展日臻成熟，思想政治教育事业欣欣向荣，这离不开思想政治教育学者对学科持之以恒的深耕探索。学者共同体以学术研究为内在驱动，抱朴守拙、甘于寂寞，巩固发展学术阵地，形成思想政治教育学科发展的壮丽图景。学科的发展需要学术的积淀，学术的积淀离不开学者的努力。思想政治教育学者踔厉奋发，推动思想政治教育学科实现科学化、专业化、规范化。

思想政治教育学者持续耕耘学术园地，探索学术未知，用毕生理论与实践研究回答思想政治教育的理论和实践课题，研究必须遵照思想政治教育学的内在规律和创新要求。思想政治教育学科的教育对象的广泛性、教育内容的意识形态性、真理与价值的辩证统一性、深刻的实践性决定了思想政治教育学的三重向度。一是要为党育人、为国育才，二是要坚定马克思主义信仰，三是要研究精神生活及其构建，这三者辩证统一、相互协同、相互转化、同向同行。在现实中，对这三重向度只取其一或只取其二的倾向时有发生，这是不可取的。只研究、不信仰、不育人是难以为继的，有信仰、会育人、不研究是受制于人的，有信仰、会研究、不育人是纸上谈兵。思想政治教育学者只有整合研究、信仰与行动三者，学科发展才能持续健康、生机勃勃。

思想政治教育学科作为一个年轻学科，在成立之初，可以说是白手起家，国内外没有同样的学科可以参照。思想政治教育只能向发展成熟的学科取经学习，借鉴成熟学科的有益资源与学理体系反哺本学科。思想政治教育学者们以思想政治教育学科为主，纳百科为思想政治教育学科所用，广泛汇入、有效吸纳了众多学科学术资源，实现了本学科在短期内的较快发展。前辈学者为后辈学者奠定思想政治教育最基础的学理架构、学术思维、学科属性，开展了多样化的理论与实践探索，重视总结历史经验，初步构建起思想政治教育学科自主知识体系。新竹高于旧竹枝，全凭老干为扶持。我们应继续传承这一优良传统，吸收和借鉴其他学科有益成果。学者有自立之志，当超拔流俗，不可泛泛与世浮沉。我们要认真学习学科文化知识，好好继承和发扬前辈留下的宝贵学科财富，增进信心、坚定信念，在学科的自主性、独立性、学理性上狠下功夫、下狠功夫，提升思想政治教育综合研究的水准、夯实应用研究的原理机制、拓宽专门研究的深度、丰富历史研究的广度、加强比较研究的效度等，推动思想政治教育学科继续朝着内涵式发展与高质量发展前进。

历史潮流滚滚向前，顺之者昌，逆之者亡，应当适时应务。历史从不等待一切犹豫者、观望者、懈怠者、软弱者。新时代的思想政治教育要顺应新时代提出的新使命新担当，结合新文科背景下思想政治教育学科建设要求，既坚守学科属性，又契合时代要求，在服务于建设中国式现代化、人类文明新形态、人类命运共同体，实现中华民族伟大复兴中国梦的宏伟事业中茁壮成长。思想政治教育者心存希冀、满怀斗志，立足学科发展实际，把握学科发展机遇，应对学科严峻挑战，及时丰富发展适应新形势新条件的教育内容。思想政治教育者结合新形势新条件做出有利于学科发展的战略部署，抢占发展高地，掌握发展主动，激活发展动力，夯实发展基础，厚植发展热情。

思想政治教育学人紧跟时代，勇于担当。跟不上时代的人最终会被时代抛弃，甚至时代都不会说一声再见。思想政治教育者要深刻认识到这一点，树立居安思危、未雨绸缪的忧患意识，不能身子进了新时代，思想还留在过去。思想政治教育者通过加强理论学习和实践锻炼，不断更新自己的思维观念和工作方式，自觉与新时代发展保持步调一致甚至赶超引领时代潮流。思想政治教育者开拓创新，在探索新发展道路上，学习新知识、新技能，增长新本领、新才干，锤炼优秀道德品格，实现科研学术价值。思想政治教育者更要为学科发展增砖添瓦，离开学科发展谈个人发展是无源之水，无本之木。教育者要关注学科发展动向，顺应学科发展规律，把握学科前沿动态，为学科发展贡献力量。思想政治教育学科阵地已然不少，既有教学阵地、实践阵地，又有平台阵地、学院阵地，还有培养阵地、研究阵地等。阵地的总体情况参差不齐，大而不强，有而不优，优而不精。思想政治教育者要在这些阵地上精心练兵，建立起一支专业的学科队伍。紧紧依靠核心阵地承担起立德树人的使命和任务。

思想政治教育学人心合意投，团结协作。立德树人工作是全员全过程全方位的育人工作，需要各队伍各平台各项目的有机整合，需要各层级各部门各类型资源的协同发力。思想政治教育学科建设必须协同推进。一方面，在课程设置上，打破思想政治教育学科同相关学科的课程壁垒，围绕思想政治教育学科核心课程设置选修课程，特别是要重视开好实践课程。要实现思政课程与课程思政的同向同行，双向奔赴。另一方面，要构建思想政治教育学科建设共同体。结合各高校所处区域的发展特色、区位优势，统筹不同地域、不同层次高校的思想政治教育学科建设，优势互补，合作共赢。我们要紧紧围绕学科建设大局，精诚团结，服务学科建设中心工作。

思想政治教育学人敢于斗争，善于斗争。应当服从大局主动作为。思想政治教育者应胸怀"国之大者"，站在"两个全局"战略高度想问题、讲话语、办事情，自觉为思想政治教育学科守正创新而担当作为。不计较眼前一时得失，不为蝇头小利危害整体。应当坚持原则，注意方法，发扬斗争精神。斗争的目的在于团结，团结一切有利于思想政治教育事业的力量。在斗争中，思想政治教育者要选择合理的斗争方式，把握斗争尺度，最大程度强化教育实效。应保持思想底气、战略定力。斗争不是人与生俱来的本领，不能为了斗争而斗争，盲目斗争也断不可取。思想政治教育者要在充分的理论准备和科学的实践预判下进行斗争，权衡各方面利益，正确处理眼前利益和长远利益的关系，营造良好思想政治教育生态。

想要取得一些原创性的突破，自然要不断努力。笔者时时告诫自己要做好学术研究，常常因为想起科研使命，心里会感到沉重。教学是本分是良心，科研是高度是水平。有科研高度和水平才可能对得起良心对得起本分。本书研究框架是经过打磨修改的。可以说，这个题目也是一个有一定前瞻性、理论深度的题目，自己大胆去尝试。本书是在中南大学工作期间撰写的，是参加工作以后精深钻研的学术科研成果。选择的研究题目是在博士、博士后研究选题基础上的进一步拓深。对于本选题，笔者自认为有一定研究基础，是自己比较感兴趣的题目，也深知研究选题的难度偏大了。

专家前辈鼓励我勇攀学术高峰，探究学术问题，提高科研质量，丰富学术产出。研究过程中获得了专家教授们可贵的指导和帮助。冯刚教授鼓励我开展本选题的相关学术研究。冯老师的悉心教诲、言传身教、深厚情怀鼓励我勇攀学术高峰。冯老师的关心指导于我的学术生涯至关重要。每每感到学业迟滞而自责时，我知道有位敦厚的长者在指引着我努力前行。十分感谢徐建军教授于百忙之中抽出时间悉心指导我的科研思路、方法，指导我规划学术研究方向和道路。胡凯教授的提携和指导提升了我的学术追求、学术品位，更重要的是必邃必专的治学精神品质深深感染了我。感谢张卫良教授给予我工作、科研、生活的谆谆教导，您的精神境界和文化涵养深深影响了我。刘新庚教授悉心关心我的科研、教学和生活。跟刘教授请教学习了不少，十分感谢刘老师语重心长的教诲。

感谢我的学生们。同学们积极参与学术创作，互相鼓励、互相帮助、分工合作，以乐观的态度、坚韧的毅力、辛勤的努力、规范的表达参与了学术写作任务。同学们经历了艰辛的学术创作过程，增长了学术创作经验，感悟了学术创作心得，获得了一定的学术成果。感谢思想政治教育专业2022级硕士研究生周滢、席圆梦，2023级硕士研究生尹芬、黄家雯，思想政治教育专业2022级本科生常语嫣，你们为本书的完成付出了很多辛劳。尹芬同学参与编写第一章，常语嫣同学参与编写第二章，席圆梦同学参与编写第三章，黄家雯同学参与编写第四章，周滢同学参与编写第五章。同学们负责了本书不同章节的校对审稿工作。没有你们的参与，本书难以顺利完成。谢谢你们。

感谢爱妻廖晖博士。廖晖博士在承担繁重学业的同时为我们的家庭生活、学术创作付出了很多辛劳。辛勤的付出结出了甘甜的果实。我于喜悦中夹杂着忙碌，个中滋味只有自己和爱人能够体会。幸福的家庭有着同样的幸福，感恩、敬畏、责任和包容是必不可少的。感谢她孜孜不倦地攀登学术高峰，同时带来了幸福美满的家庭生活。

本研究取得了初步成果，也还有不尽如人意之处，那留待将来做进一步研究吧。写作不足之处，还请方家批评指正。不胜感怀！

2024年6月于中南大学岳麓山下